2019年主题出版重点出版物

“十三五”国家重点图书出版规划项目

绿色发展新理念

绿色供应链

生态环境部宣传教育中心◇主编

人民日报出版社

北　京

图书在版编目（CIP）数据

绿色发展新理念. 绿色供应链 / 生态环境部宣传教育中心主编. -- 北京：人民日报出版社, 2020.9
ISBN 978-7-5115-6407-8

Ⅰ. ①绿… Ⅱ. ①生… Ⅲ. ①绿色经济—经济发展—研究—中国 Ⅳ. ①F124.5
中国版本图书馆CIP数据核字(2020)第087658号

书　　名：绿色发展新理念. 绿色供应链
　　　　　LÜSE FAZHAN XIN LINIAN . LÜSE GONGYINGLIAN
作　　者：生态环境部宣传教育中心

出 版 人：刘华新
责任编辑：袁兆英　刘晴晴
封面设计：邢海燕

出版发行：人民日报出版社
社　　址：北京金台西路2号
邮政编码：100733
发行热线：（010）65369509　65369527　65369846　65363528
邮购热线：（010）65369530　65363527
编辑热线：（010）65363105
网　　址：www.peopledailypress.com
经　　销：新华书店
印　　刷：大厂回族自治县彩虹印刷有限公司
法律顾问：北京科宇律师事务所 010-83622312

开　　本：880mm × 1230mm　1/32
字　　数：121千字
印　　张：5.25
版次印次：2020年9月第1版　　2020年9月第1次印刷

书　　号：ISBN 978-7-5115-6407-8
定　　价：38.00元

习近平谈生态文明

加快生态文明体制改革，建设美丽中国。

——党的十九大报告

生态文明建设是关系中华民族永续发展的根本大计。生态兴则文明兴，生态衰则文明衰。

——在全国生态环境保护大会上的重要讲话

2018年5月18日

我们要建设的现代化是人与自然和谐共生的现代化，既要创造更多物质财富和精神财富以满足人民日益增长的美好生活需要，也要提供更多优质生态产品以满足人民日益增长的优美生态环境需要。

——党的十九大报告

生态环境是关系党的使命宗旨的重大政治问题，也是关系民生的重大社会问题。

——在全国生态环境保护大会上的重要讲话

2018年5月18日

我们既要绿水青山，也要金山银山。宁要绿水青山，不要金山银山，而且绿水青山就是金山银山。我们绝不能以牺牲生态环境为代价换取经济的一时发展。我们提出了建设生态文明、建设美丽中国的战略任务，给子孙留下天蓝、地绿、水净的美好家园。

——在哈萨克斯坦纳扎尔巴耶夫大学的讲演

2013年9月7日

倡导简约适度、绿色低碳的生活方式，反对奢侈浪费和不合理消费，开展创建节约型机关、绿色家庭、绿色学校、绿色社区和绿色出行等行动。

——党的十九大报告

编委会

总　序

生态文明建设是关系中华民族永续发展的根本大计。党的十八大以来，以习近平同志为核心的党中央站在坚持和发展中国特色社会主义、实现中华民族伟大复兴中国梦的战略高度，把生态文明建设和生态环境保护摆在治国理政的重要位置，谋划开展了一系列根本性、开创性、长远性工作，推动生态文明建设从实践到认识发生历史性、转折性、全局性变化。

2018年5月召开的全国生态环境保护大会正式确立了习近平生态文明思想，这是大会最大的亮点，是标志性、创新性、战略性的重大理论成果。习近平生态文明思想内涵十分丰富，集中体现为生态兴则文明兴、生态衰则文明衰的深邃历史观，人与自然和谐共生的科学自然观，绿水青山就是金山银山的绿色发展观，良好生态环境是最普惠的民生福祉的基本民生观，山水林田湖草是生命共同体的整体系统观，用最严格制度保护生态环境的严密法治观，全社会共同建设美丽中国的全民行动观，共谋全球生态文明建设的共赢全球观。习近平生态文明思想是习近平新时代中国特色社会主义思想的重要组成部分，深刻回答了“为什么建设生态文明、建设什么样的生态文明、怎样建设生态文明”等重大理论和实践问题。

做好新时代生态环境保护工作，最根本的就是要深入学习贯彻习近平生态文明思想和全国生态环境保护大会精神。习近平总书记在全国生态环境保护大会上强调，要自觉把经济社会发展同生态文明建设统筹起来，加快形成绿色发展方式和生活方式。在2018年中央经济工作会议上，总书记将加快绿色发展作为我国重要战略机遇期的新内涵。党的十九大报告特别指出，我们要建设的现代化是人与自然和谐共生的现代化，既要创造更多物质财富和精神财富以满足人民日益增长的美好生活需要，也要提供更多优质生态产品以满足人民日益增长的优美生态环境需要。

推进绿色发展是实现人与自然和谐共生的必由之路。党的十九大报告指出，要加快建立绿色生产和消费的法律制度和政策导向，建立健全绿色低碳循环发展的经济体系。构建市场导向的绿色技术创新体系，发展绿色金融，壮大节能环保产业、清洁生产产业、清洁能源产业。推进能源生产和消费革命，构建清洁低碳、安全高效的能源体系。推进资源全面节约和循环利用，实施国家节水行动，降低能耗、物耗，实现生产系统和生活系统循环链接。倡导简约适度、绿色低碳的生活方式，反对奢侈浪费和不合理消费，开展创建节约型机关、绿色家庭、绿色学校、绿色社区和绿色出行等行动。我们要坚定不移贯彻绿色发展理念，进一步发挥生态环境保护的倒逼作用，加快推动经济结构转型升级、新旧动能接续转换，在高质量发展中实现高水平保护、在高水平保护中促进高质量发展。

如何把绿色发展方式和生活方式的新理念贯穿到中小学、大学、社区、家庭、乡村、企业、机关，让更多的人选择绿色出行、绿色消费，了解绿色学习中心、绿色建筑、绿色供应链，是我们在新时代践行绿色发展需要大力解决的实际问题。为此生态环境部宣传教育中心组织了有关部属单位以及清华大学、北京师范大学、首都师范大学、北京教育科学研究院、北京市环境保护宣传中心、江苏省环境保护宣传教育中心、中环联合（北京）认证中心有限公司、公众与环境研究中心（IPE）等机构的数十位专家及学者共同编写了这套“绿色发展新理念·建设美丽中国”系列丛书。

“绿色发展新理念·建设美丽中国”系列丛书包括《绿色发展新理念·绿色乡村》《绿色发展新理念·绿色学校》《绿色发展新理念·绿色家庭》《绿色发展新理念·绿色机关》《绿色发展新理念·绿色企业》《绿色发展新理念·绿色大学》《绿色发展新理念·绿色消费》《绿色发展新理念·绿色建筑》《绿色发展新理念·绿色供应链》《绿色发展新理念·绿色学习中心》《绿色发展新理念·绿色出行》《绿色发展新理念·绿色社区》，共计12册。本套丛书旨在全面落实习近平生态文明思想和全国生态环境保护大会精神，推动形成绿色发展方式和生活方式，提高社会公民，尤其是基层干部、教育工作者、社区和企事业单位管理者对绿色发展的理解，并为其提供可操作性强的实践方法，激发全社会践行绿色发展的自觉性和主动性。

本套丛书的编写人员“术业有专攻”，在深入学习领会习近平生态文明思想和全国生态环境保护大会精神，以及广泛参阅文献的基础上结合相关实践经验编写完成。本套丛书的亮点在于不仅展现了我国生态文明建设的最新成果，还详细列举了许多国内外的成功经验与做法，内容科学准确，可以作为各个领域特别是干部和公众进一步深入学习贯彻习近平生态文明思想的操作指南，具有较强的可读性和借鉴意义。

曲格平

2019年3月于北京

前　言

过去40年间，改革开放的中国深度参与经济全球化进程。作为“世界工厂”，中国经济实现了高速发展，数以亿计的人口脱贫，人民生活水平得到极大提升；但与此同时，中国的生态环境也付出了沉重代价，空气、水和土壤的污染，让数以亿计的城乡居民暴露在健康风险之下。

为保护人民健康，实现可持续发展，中国政府先后开启了治理大气污染、水污染和土壤污染的行动计划，一方面大力加强督察执法，另一方面也更多重视和借助市场和社会力量，提出“加快建立绿色生产和消费的法律制度和政策导向，建立健全绿色低碳循环发展的经济体系”。

在这一大背景下，绿色供应链于2014年被纳入北京APEC首脑会议议程，标志着它上升为国家政策。作为促进绿色转型、实现绿色发展的重要抓手，绿色供应链将环境意识、资源有效利用与产品设计、原材料汲取、加工制造、包装、运输、市场销售、消费、废弃物回收处理等环节交叉融合，推动生产方式和消费模式迈向绿色化。

自那时起，原环保部、工信部、发改委、商务部等多个部委，开始推进相关政策、规章和标准的制定，天津、东莞等多个城市也都与相关利益方合作，开展了积极探索。电子、纺织、化纤、房地产、汽车等多个行业组织，也做出了有益尝试。

早在2007年，公众环境研究中心就联合20家本土环保组织就联合发起“绿色选择倡议”，呼吁零售商和品牌企业关注其产品生产加工过程产生的影响，绿化在华供应链条。自2011年起，越来越多的中外品牌开始加入，推动电子和纺织产业的供应商企业降低生产过程的环境负荷，拉开了供应链绿色转型的序幕。

为协助品牌对标良好实践，识别改进方向，基于中国的现实条件，同时借鉴多个全球可持续发展指标体系，公众环境研究中心和自然资源保护协会研发并于2014年推出了基于品牌企业在华供应链环境管理表现的量化评价体系——绿色供应链CITI指数。随着环境执法的加强，环境信息公开的扩展，中外品牌和环保组织合力推进，截至2019年底，共推动逾10000家供应商企业对环境违规记录做出公开整改和说明。

随着绿色供应链实践的推进，各方也在积极探索创新解决方案，其中公众环境研究中心就和多个不同的机构合作，研发基于环境大数据的解决方案，协助品牌和供应商企业顺应持续强化的环境监管和社会监督，高效识别和应对供应链环境风险。与此同时，中国污染治理和绿色转型的实践经验，也吸引着区域乃至全球的目光，展现出惠及更多国家和地区、助力全球可持续发展的前景。

本书所有章节均由公众环境研究中心绿色供应链团队编写，作者包括：丁杉杉、马军、王娜、李赟婷、柏慧、徐昕、罗思瑞。

在此我们感谢曾红鹰、袁轶、刘清芝、高鹏、单明威、刘之杰、张越对书稿的审阅、修订、整理，以及酆婧轩、张琳参与审稿、编辑修订、出版工作，同时感谢美国环保协会北京代表处以及聚光科技（杭州）股份有限公司对本书的支持，并请大家对不足之处提出意见和建议。

马军

2020年6月于北京

目录
Contents

第一章

绿色供应链的缘起

供应链，是指将产品提供给最终用户过程中形成的网链结构，涉及原材料供应商、生产制造商、物流商、分销商、批发零售商等环节。传统供应链的全球化扩张，带来了一系列环境道德压力，推动国际范围内绿色供应链理论和实践的发展。

绿色供应链（Green Supply Chain，GSC）的概念来源于供应链管理的理论，因此要理解绿色供应链就必须先理解供应链以及供应链管理。

一条完整的供应链包括产品设计与生产、原材料生产与加工、包装、物流、销售、产品使用、废弃物处理与回收等环节（图1-1），涉及多方利益相关者，包括上游供应商、制造商、物流商、零售商、消费者等。对供应链进行管理就是对整个供应链中各参与组织、部门之间的物流、信息流与资金流进行计划、协调和控制。通过跨越企业组织内部和外部的边界，优化整体流程，提高运作效率和效益。换言之，企业进行供应链管理就是对整个供应链系统进行计划、协调、控制从而提升客户的满意度，降低公司的库存、生产、分销成本以及优化企业流程。

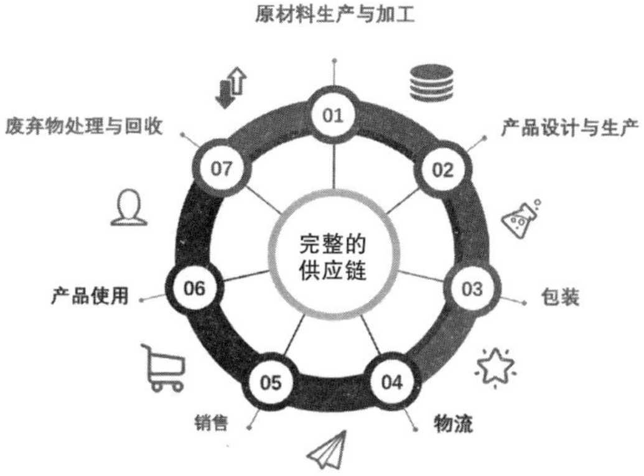

图1-1 完整的供应链

绿色供应链的定义由美国密歇根州立大学制造研究协会于1996年首次提出。该协会认为："绿色供应链管理是环境意识、资源有效利用和供应链的各个环节的交叉融合，是实现绿色制造和企业可持续发展的重要手段，其目的是使整条供应链的资源利用效率最高，对环境的负面影响最小。"

随后，国外学者从不同角度对绿色供应链的概念进行了补充。其中，Beamon在传统供应链的基础上加入了再制造、回收和再利用这些环节，提出了扩展性供应链，即绿色供应链。Kopicky、Rogers和Tibben-Lembke也提出类似看法，认为逆向物流是企业实施环境战略的潜在优势所在。S.V.Walton等则提出绿色供应链管理就是将供应商加入企业的环境战略中，其核心是将集成管理的思想应用到绿色供应链的领域。Srivastava给出的定义较前者更为全面，即绿色供应链管理是在供应链管理的产品设计、采购、制造、分销和产品的生命周期末端治理管理等各个环节中综合考虑环境管理因素。M.H.Nagel也认为，绿色供应链的管理涉及全面的产品、资金、管理以及生产等要素的全部，而非简单地针对生产、销售而言。他提出绿色供应链和传统供应链的区别主要有两点：（1）绿色供应链管理较于传统供应链管理新增加了环境保护意识和供应链内部长期稳定的战略合作关系；（2）技术支持在此过程中起到了举足轻重的作用。Sarkis和Handfield以及Nichols将视角扩大至整个供应链，前者认为绿色供应链应该由采购和物料管理、内部物流、外部物流、包装盒返回物等部分组成；后者也认为绿色供应链管理包括从原材料采购到最终用户使用的整个过程，贯穿于供应链上下游同商品信息及信息流动和转移有关的所有活动。

在中国，绿色供应链的定义主要分为广义和狭义两种。工信部发布的《绿色供应链管理评价要求》中指出，广义绿色供应链管理范围包括：按照产品生命周期要求，对设计、采购、生产、物流、回收等业务流程进行管理，其中涉及供应商、制造企业、物流商、销售商、最终用户以及回收、拆解等企业的协作。根据《绿色制造制造企业绿色供应链管理导则》（GB/T 33635—2017），狭义的绿色供应链是在传统供应链基础上，将绿色制造、产品生命周期管理和生产者责任延伸理念融入企业业务流程，综合考虑企业经济效益与资源节约、环境保护、人体健康安全要求的协调统一的供应链系统。依据以上理论，践行绿色供应链需要从产品设计、原材料采购、产品生产、包装、运输、产品使用以及废弃物处理回收环节统一环境要求，开展环境管理和风险控制，使企业的经济活动与环境保护相协调。

从运作管理的角度，绿色供应链具体包括以下内容：

- 绿色设计：也称生态设计，是指在设计阶段将产品的环境绩效作为出发点，最大化地避免产品对环境和人类产生的危害，减少用料或使用可再生、可降解、可回收原料，延长产品使用寿命，降低产品在生产使用环节的能耗等。作为绿色供应链的基础环节，有助于从源头遏制污染，提高产品的环境性能和企业的竞争力。

- 绿色生产：在产品的生产工艺流程中，通过技术创新、提升管理能力，提高资源和能源利用率，控制污染物和温室气体的排放，降低制造过程中产生的边角下料和废弃物。

- 绿色采购：在采购中，企业可以促使上游供应商采用对环境友好的技术、材料和生产手段，以达到降低温室气体排放和环境污染的目的。Webb提出绿色采购的概念，建议在采购原材料时遵循相关环境准则，同时注重材料循环利用及再生材料的有效利用。绿色采购的重点是企业将环境绩效和环境表现纳入上游供应商考核标准，例如：

  - 对外公开的环境报告
  - ISO 14000认证的环境管理系统
  - 对二级供应商环境表现的审核
  - 是否具有逆向物流（包装、废旧物回收等）系统
  - 有害废弃物管理
  - 采用环境友好的包装材料或对包装进行最简化处理
  - 有毒污染物管控
  - 破坏臭氧层物质的管控
  - 有害气体排放管控

- 绿色物流：绿色物流的关键是运输和仓储，增加运输效率，可以降低资源消耗和温室气体排放。具体措施包括合理规划、技术创新，减少运输次数、采用低碳环保的运输方式、规划合理的运输路径等方式等。绿色物流还包括逆向物流，以实现资源再利用，形成供应

链的闭环运作。

- 绿色包装：绿色包装的措施包括采用无毒无害、环保、可降解的包装材料，选择合理的包装方式，优化大宗物流中的产品包装，回收包装材料等。

- 绿色销售：通过缩短分销渠道，减少分销过程中造成的资源浪费和环境影响；引导消费者树立可持续消费观，选择绿色包装、回收废旧产品。

- 废弃物回收处理：产品在使用周期结束后，如不进行合理的回收处理，可能造成资源浪费和环境污染。回收可再次利用的材料可以使绿色供应链形成闭环。

第二章

中国视角的绿色供应链

进入21世纪以来，经济全球化有力地推动了包括中国在内的发展中国家的经济发展。全球物流、低成本生产和强劲消费需求使得出口加工业在中国获得了长足进步。多数消费品行业的跨国公司常常不再从事大规模加工生产，而是层层外包给供应商代工，助力“中国制造”越来越多地出现在世界市场，更使中国成为名副其实的“世界工厂”。

覆盖诸多品类的供应链让中国在全球产业和商业布局中占据关键地位，但作为世界制造业的中心，中国的环境也承受着工业污染的侵扰。而随着中国经济的发展、人民生活水平的提高，国内市场需求与出口加工订单叠加，进一步“挑战”生态环境的承载力。尽管清洁生产、总量控制、排污许可等环境管理机制不断完善，但工业废水、废气和固体废弃物排放量仍旧居高不下。

依据生态环境部2018年5月发布的《2017中国环境状况公报》，全国338个地级及以上城市中：

- 有99个城市环境空气质量达标，占全部城市数的29.3%；239个城市环境空气质量超标，占70.7%。

- 平均优良天数比例为78.0%，比2016年下降0.8个百分点；平均超标天数比例为22.0%。

- 发生重度污染2311天次、严重污染802天次，以PM2.5为首要污染物的天数占重度及以上污染天数的74.2%。其中，有48个城市重度及以上污染天数超过20天，分布在新疆、河北、河南等12个省份

（部分城市受沙尘影响）。

- PM2.5年均浓度范围为10—86μg/m^3，O_3日最大8小时平均第90百分位数浓度范围为78—218μg/m^3，SO_2年均浓度范围为2—84μg/m^3，NO_2年均浓度范围为9—59μg/m^3。

2017年，全国七大流域和浙闽片河流、西北诸河、西南诸河的1617个水质断面中，西北诸河和西南诸河水质为优，浙闽片河流、长江和珠江流域水质为良好，黄河、松花江、淮河和辽河流域为轻度污染，海河流域为中度污染。5100个地下水水质监测点中，水质为优良级、良好级、较好级、较差级和极差级的监测点分别占8.8%、23.1%、1.5%、51.8%和14.8%。

另据自然资源部2018年5月发布的《2017年中国土地矿产海洋资源统计公报》，2017年：

- 近岸局部海域污染严重，春季、夏季、秋季和冬季劣于第四类海水水质标准的海域面积分别为4.11万平方千米、3.35万平方千米、4.68万平方千米和4.81万平方千米；
- 陆源入海排污口达标排放次数比例为57%；
- 监测的河口、海湾、滩涂湿地、珊瑚礁、红树林和海草床等海洋生态系统中16个处于亚健康和不健康状态；
- 赤潮、绿潮灾害影响面积较上年明显减少，但渤海海水入侵和土壤盐渍化依然严重。

此外，国际组织全球碳计划（Global Carbon Project，GCP）2017年11月13日发布的研究显示，2016年中国对全球二氧化碳排放的绝对贡献占28%，其次是美国（15%）、欧盟（10%）和印度（6.7%）。测算数据进一步显示，2017年全球因化石燃料和工业生产产生的二氧化碳排放（emissions from fossil fuels and industry，EFF）将增长2%，这其中中国煤炭、天然气和石油消耗量的增加是“助推力”之一。

2017年10月举行的中国共产党第十九次全国代表大会发布《决胜全面建成小康社会　夺取新时代中国特色社会主义伟大胜利》报告（以下简称“党的十九大报告”），再次提出要推进绿色发展，“加快建立绿色生产和消费的法律制度和政策导向，建立健全绿色低碳循环发展的经济体系”。党的十九大报告同时明确要求在绿色低碳和现代供应链等领域培育新增长点、形成新动能，助力供给侧结构性改革。

“绿色供应链”正是推动生产和生活方式绿色转型，实现绿色低碳循环发展的重要途径之一。通过发挥政府和市场的两只手，供应链的绿色转型将有效服务和支撑党的十九大报告明确的改革工作。

绿色供应链是指供应商和采购方在整个价值链中，即产品设计、原料选择、制造过程、运输货物、零售及回收和处理废旧产品过程中，都尽可能减少对环境带来的影响。因此，践行绿色供应链需要采购方将供应商的环境表现纳入采购决策，通过识别供应链各环节的环境负荷，设置环境门槛，追踪并推动供应商持续提升环境表现。全球产业链条中的买方——跨国公司尤其需要履行企业社会责任，关注其产品在生产制造过程中给新兴经济体带来的环境影响。

与其他环境管理方式相比，绿色供应链有如下优势：

- 绕过执法瓶颈，利用采购权力，形成强大的撬动力量；
- 市场化运作，依靠看不见的手，因此效率更高；
- 用商业模式解决负外部性问题，让治污成本合理分配和承担，从微观层面，推动发展和保护实现平衡。

建设绿色供应链，也面临如下挑战：

- 由于绿色供应链基本不属于法律界定的范畴，难以通过政府强制推行，需要形成对社会责任的共识；
- 供应商分散，随着订单变化而变动，采购方难以实时把控全供应链的环境表现，需要符合本国国情的绿色供应链管理体系，需要在方法论上有所突破；
- 供应链环境问题很多不在于直接供应商，而在于供应链上游环节，延伸管理难度大，然而采购方的影响力随着供应链层级的增加而减弱；
- 供应商绿色投资回报率低、回报期长，运营成本增加，劣币驱逐良币的市场竞争格局仍然占主流。

在建设生态文明和美丽中国的背景下，大规模污染治理已经在中国展开，强化环境监管成为不可逆转的大趋势，漠视供应链污染，可能导致企业经营风险。践行绿色供应链，不仅有利于管控环境风险，更符合现阶段国家和地方的政策要求，包括：

（1）生态文明的要求。建设生态文明，必须把生态环境保护放在突出位置，采取“生态优先、保护优先”的原则，综合运用法律、经济和必要的行政手段解决生态环境问题，按照绿色供应链的要求，努力实现人与自然和谐相处。

（2）生态经济的要求。生态经济涉及生产、分配、物流和消费，人类生产与生活消费所需的物质和能量依赖于自然环境的供给，剩余的物质和能量又还给自然界，因此发展生态经济必须考虑关联的环境要素、生态要素、经济要素和这些要素间的相互关系。

（3）供给侧结构性改革的要求。为助力经济结构调整，实现资源和要素的最优配置，提升经济增长的质量和数量，原环保部于2016年

4月发布《关于积极发挥环境保护作用促进供给侧结构性改革的指导意见》。意见要求：

- 通过提高环境准入门槛，促进新增产能更优，新增产品更加环境友好，不断满足全社会日益增加的对高质量产品和服务的需求；
- 创新环境保护政策，坚持逆向约束和正向激励并重，增强市场主体环境保护内生动力，推动建设资源节约型、环境友好型产业体系。

作为供给侧结构性改革的重要抓手，绿色采购和绿色消费通过利用市场杠杆效应，将带动产业链上下游采取节能环保措施。

（4）节能减排的要求。“十一五”以来，中国把单位GDP能耗下降作为衡量低碳发展的主要指标，在《“十一五”规划纲要》和《“十二五”规划纲要》中均把单位GDP能源消耗下降作为约束性指标。中国已顺利完成“十二五”节能减碳目标，国务院颁布的《“十三五”节能减排综合工作方案》明确要求到2020年，全国万元国内生产总值能耗比2015年下降15%，能源消费总量控制在50亿吨标准煤以内。

（5）降低碳排放的要求。2014年国家成立了全国碳排放管理标准化技术委员会。同年推出了国家标准，针对不同对象，发布相应的产品、行业以及通用性碳排放标准。2017年，中国为落实在《巴黎协定》中的承诺，建立全国碳交易市场，更需要企业通过践行绿色供应链，提升在碳交易中的竞争力。

（6）生产者责任延伸的要求。2016年12月，国务院办公厅印发《生产者责任延伸制度推行方案》，提出生产者应将其对产品承担的资源环境责任“从生产环节延伸到产品设计、流通消费、回收利用、废物处置等全生命周期”，助力生态文明建设和绿色循环低碳发展，推进供给侧结构性改革和制造业转型升级。

（7）再生资源利用的要求。中国物资再生协会受商务部委托而编制发布的《中国再生资源行业发展报告（2017）》表明，目前中国再生资源回收企业已达10万多家，从业人员约1500万，废钢铁、废有色金属、废塑料、废轮胎、废纸、废弃电器电子产品、报废汽车、报废船舶8大类别的主要再生资源回收总量约为2.56亿吨，回收总值为5902.8亿元。再生资源行业的兴起以及全生命周期理念的引入，将从回收的角度助力绿色供应链的发展。

除环境政策和监管的大趋势外，环境信息公开力度的不断提升，环境权益的普及，正在推动更多利益方参与工业污染治理。另外，新媒体和社交平台的发展，意味着单一环境事件可能被迅速传播，对品牌形象造成不可逆转的负面影响，而补救品牌形象的成本可能远大于预防管理的支出。

国内外消费者对环境友好型产品的需求不断增加，原材料及能源价格的提升，以及金融财税补贴等市场机制的内外力作用，也是推动供应链实现绿色转型的核心驱动力。构建绿色供应链不仅可以降低环境负荷，更可以降低供应链的成本。

综上所述，绿色供应链是将“资源环境”与“经济发展”并重，从单一的利润最大化到实现可持续发展的一条有效途径。

践行绿色供应链需要企业将节能减排、低碳环保的理念融入产品“从摇篮到坟墓”，即产品设计、原材料采购、生产、运输、储存、销售、使用和报废处理等的全生命周期的各环节。

鉴于中国在全球产业链中“世界工厂”的地位，发展绿色供应链尤其需要将全球采购对当地生态环境带来的污染和负荷、供应商企业生产给周边社区居民带来的影响纳入考量。全球采购的跨国公司、中国的供应商企业、政府和环保组织、媒体和公众急需参与推动“源自中国视角的”绿色供应链，通过识别供应链各环节的环境负荷，不断向上游延伸管控，用绿色采购拉动绿色生产，通过绿色消费倒逼产业链绿色转型，实现中国经济的绿色低碳循环发展，促进生态环境质量改善。

第三章

绿色供应链的国际实践

为应对全球环境恶化和气候变化，联合国自1992年起积极推广绿色生产和绿色消费。欧盟和美国等发达国家作为可持续发展理念的先行者，自20世纪90年代起陆续从立法、市场激励、政府绿色采购等层面，推动所在国或区域的绿色供应链实践，并助力全球产业链绿色化转型。非政府组织也积极利用国际实践经验，协助推动中国企业实现绿色转型和节能减排。

第一节　联合国

1992年，联合国环境与发展大会通过的《21世纪议程》，首次提出对包含产品完整的生产和消费过程的生命周期（life cycle）进行化学品和废弃物管控的思路。10年后，约翰内斯堡可持续发展世界首脑会议上提出的《可持续消费和生产模式十年方案框架》，再次强调从产品和服务的全生命周期角度进行节能减排和污染治理，旨在提高整个生产和消费过程的资源利用率和可持续性，减少污染和增强废弃物管理。

2015年，联合国将"负责任消费和生产"列入17个最新的可持续发展目标（Sustainable Development Goals, SDG）中（图3-1），"旨在'降耗、增量、提质'，即在提高生活质量的同时，通过减少整个生命周期的资源消耗、环境退化和污染，来增加经济活动的净福利收益"。

图3-1　联合国可持续发展目标

（数据来源：联合国）

目标12：采用可持续的消费和生产模式

- 各国在照顾发展中国家发展水平和能力的基础上，落实《可持续消费和生产模式十年方案框架》，发达国家在此方面要做出表率；
- 到2030年，实现自然资源的可持续管理和高效利用；
- 到2030年，将零售和消费环节的全球人均粮食浪费减半，减少生产和供应环节的粮食损失，包括收获后的损失；
- 到2020年，根据商定的国际框架，实现化学品和所有废物在整个存在周期的无害环境管理，并大幅减少它们排入大气以及渗漏到水和土壤的概率，尽可能降低它们对人类健康和环境造成的负面影响；
- 到2030年，通过预防、减排、回收和再利用，大幅减少废物的产生；
- 鼓励各个公司，特别是大公司和跨国公司，采用可持续的做法，并将可持续性信息纳入各自报告周期；

- 根据国家政策和优先事项，推行可持续的公共采购做法；
- 到2030年，确保各国人民都能获取关于可持续发展以及与自然和谐的生活方式的信息并具有上述意识；
- 支持发展中国家加强科学和技术能力，采用更可持续的生产和消费模式；
- 开发和利用各种工具，监测能创造就业机会、促进地方文化和产品的可持续旅游业对促进可持续发展产生的影响；
- 对鼓励浪费性消费的低效化石燃料补贴进行合理化调整，为此，应根据各国国情消除市场扭曲，包括调整税收结构，逐步取消有害补贴以反映其环境影响，同时充分考虑发展中国家的特殊需求和情况，尽可能减少对其发展可能产生的不利影响并注意保护穷人和受影响社区。

第二节 欧盟和美国

作为可持续发展理念的先行者，欧盟和美国自20世纪90年代起，持续通过立法、市场激励、政府绿色采购等方式，推动绿色供应链的实践，并引领全球产业链的绿色化转型。

欧盟自2002年以来率先通过立法途径，陆续发布和实施《报废电子电器设备指令》（Waste Electrical and Electronic Equipment Directive 2002/96/EC，WEEE）、《危害性物质限制指令》（Restriction of Hazardous Substances Directive 2002/95/EC，RoHS）和《关于化学品注册、评估、许可和限制法案》（Registration，Evaluation，Authorization，and Restriction of Chemicals，REACH），推动全球电子和化工行业绿色转型。

欧盟于2003年2月通过《报废电子电器设备指令》。2012年7月，修订后的该指令为废弃电子电机设备收集、回收和再生利用制定相关目标。凡是在欧盟境内销售以下物品的制造商必须考虑产品废弃时产生的污染问题，采用环保、易回收的设计，同时承担物品回收的责任和费用。WEEE指令涉及的产品包括六大类（2018年8月15日之后）：

- 温度交换设备
- 显示器、监视器、含有超过100平方厘米以上显示屏的设备

- 灯类产品
- 大型设备（外边长超过50厘米）
- 小型设备（外边长不超过50厘米）
- 小型IT和通信设备（外边长不超过50厘米）

同一时期欧盟还通过了《危害性物质限制指令》，并于2017年12月21日进行了最近一次更新，要求成员国确保投放市场的电子电器产品在制造中不得使用下列化学物质：

- 铅（Pb）
- 汞（Hg）
- 镉（Cd）
- 六价铬（Cr6+）
- 聚溴联苯（PBB）
- 聚溴二苯醚（PBDE）
- 邻苯二甲酸二（2-乙基已）酯（DEHP）
- 邻苯二甲酸丁苄酯（BBP）
- 邻苯二甲酸二丁酯（DBP）
- 邻苯二甲酸二异丁酯（DIBP）

以上物质中，除镉（Cd）的最大允许限值为0.01%以外，其他限制物质的最大允许含量均为0.1%。

WEEE和RoHS的实施对电子电气设备的供应链条产生了巨大的影响。全球范围内的电子电气设备零售商、制造商，上游电子电气元器件供应商不得不对设计、生产、采购过程进行调整，寻求绿色材料，延长产品使用寿命，采用易于组装和拆卸的设计，以满足欧盟的市场准入要求。这一举措为世界各国推动电子电气设备供应链的绿色化转型提供了宝贵的经验。

除WEEE和RoHS外，欧盟还推出了涉及行业范围更加广泛的化学品监管机制。2007年生效的《关于化学品注册、评估、许可和限制法案》要求进入欧盟的制造商和进口商注册其产品中的每一种化学成分，并评估其对公众健康和环境的影响，未纳入该管理系统的产品将不能在欧盟市场上销售。该法案对全球范围内使用化工产品的行业，包括制药、纺织、轻工、建材、家电等均产生了深远的影响，推动企业对其供应链进行筛选管理和绿色转型。

此外，为落实节能减排目标、应对能源安全问题，欧盟在2009年还颁布了《为规定能源相关产品的生态设计要求建立框架》指令（Directive 2009/125/EC）。该指令要求产品在设计初期，将原材料采集到寿命结束的生命周期各阶段对环境的影响纳入考量，规定了生态设计参数。该指令对能耗产品供应链上的制造商、分销商、原材料供应商等相关主体提出了详细的规范，促使其对出口欧盟的产品开展绿色设计。

与生态设计一样，生态标签计划也被列入欧盟委员会在2008年6月颁布的《可持续消费和生产与可持续产业的政策行动计划》（Sustainable Consumption and Production and Sustainable Industry Policy Action Plan）。早在1992年，欧盟就推出了自愿性生态标章制度，旨在鼓励企业向消费者提供环境友好型的产品和服务。2010年11月通过的关于生态环保标签的指令[Regulation（EC）No 66/2010]，进一步要求获得生态标签的企业对其产品或服务进行全生命周期的环境表现评价。截至2017年9月，已经有29类超过5.4万件产品和服务获得了欧盟生态标签。随着该指令影响力的不断增加，对产品进行全生命周期的管理和评价正在逐渐成为主流趋势。

欧盟各国政府还通过绿色采购大力支持绿色供应链的发展。该举措要求政府在采购产品和服务时，确保相较同类商品在整个产品的生产使用周期对环境的影响最小。例如，建筑能耗指令[Directive 2010/31/EU on the energy performance of buildings（recast）]规定从2019年1月起，政府部门的建筑必须达到零碳建筑的要求。据统计，欧盟各国每年政府采购额超过2.3万亿欧元，通过实施绿色采购，欧盟正在为推动全球供应链绿色化转型提供有力的支撑。

与欧盟相比，美国国会通过立法推动污染物排放信息的公开为构建绿色供应链奠定了基础。1984年美国联合碳化物公司在印度博帕尔的杀虫剂工厂发生毒气泄漏，造成数千人死亡，震惊了美国公众。正当美国化工业试图让公众相信他们在美国的工厂不会出现问题的时候，联合碳化物公司在西弗吉尼亚州的工厂在1986年8月11日发生了剧毒化学品泄漏，造成一些当地居民短暂入院治疗，这严重动摇了公众的信心。

这些事件最终导致美国国会于1986年颁布《危机应急规划和社区知情权法案》（The Emergency Planning and Community Right-to-Know Act，EPCRA），该法案要求制造业、金属采矿、采煤业、通过燃煤和/或石油进行商业发电的电力行业等涉及有毒有害物质产生的行业部门，雇用10名以上员工，从事TRI所列化学品的制造、加工或使用，化学品用量超过设定阈值的工厂每年须提交有毒物质排放清单（Toxic Release Inventory，TRI，图3-2），披露设施现场处置或排放到环境的每一种TRI化学品的数量，设施转移至其他地方进行回收利用、能源回收、处理或处置或其他形式的排放的每一种化学品的数量，在设施本地对每一种化学品进行回收利用、焚烧回收能源或处理的数量等信息。1990年，美国国会通过了《污染预防法案》，TRI进一步扩展并涵盖废品管理和污染源减少活动。

图3-2　美国环保署面向公众的TRI数据使用网络页面

（数据来源：美国环保署）

目前美国每年有超过2.2万处设施依据有毒物质排放清单制度披露环境信息，涵盖650多种有毒化学品。任何个人只要进入美国环保总署官网的TRI主页，输入区域邮政编码，就可以获取该地区的有毒化学品排放信息。从分析采集的数据到传播化学品影响、废物管理、排放量及其他污染预防的信息，TRI 数据库让公众了解有毒化学品的潜在风险，推动企业开展更环保、低危害的活动，采用更环保、低危害的方法。

正如美国参议员汤姆·尤德尔评论的："虽然TRI在1986年时还是个新方式，但如今已有50多个国家以它为榜样建立了各自的登记制度。美国和其他国家的这些登记制度让各个公司互相学习最好的实践，通过关注有毒化学品的排放，实现大幅减排。"由此可见，TRI凸显出信息公开对推动工业企业管控污染、供应链绿色转型的倒逼作用。

在政府绿色采购方面，美国联邦环保署依托12873号《联邦采购、循环利用和废物预防》、13101号《通过废弃物减量、资源回收及联邦采购来绿化政府行动》、第13148号《通过在环境管理的领导作用绿化政府》等法律基础，颁布了一系列商品采购指南，明确要求政府应采购生态型（主要指利用可再生材料生产）、环保型、对人体健康和环境影响最小的产品和服务。环保署还制定了《全面性采购指导纲要》（Comprehensive Procurement Guidelines，CPG），指定当采购额超过1万美元时优先采购的产品目录，并将建材、纸类、非纸类办公用品、交通工具等在内的八大类采购产品的绿色供应商及其产品的环境特性公布在CPG的官方网站上。

此外，美国政府还通过税收优惠、低息贷款、贷款担保、补贴在内的一系列市场激励措施，引导市场对新能源和绿色创新的投资。美国联邦环保署推出了一系列指南，例如《绿色精益供应链：材料管理者降低成本并提高环境绩效指南》（The Lean and Green Supply Chain: A practical guide for materials managers to reduce costs and improve environmental performance），通过收集整理领先企业在绿色供应链管理方面的最佳实践，包括在原材料采购、绿色包装、仓储等领域的创新实践和成效，为其他企业进行绿色供应链管理提供借鉴。

除了政府层面的推动，企业自身的实践也为绿色供应链提供了借鉴。领先企业参照国家相关的法律法规并结合自身节能减排的需求，将环境绩效纳入供应链管理指标体系，对上游供应商进行筛选和定期评估，并通过培训、技术支持和信息共享等手段与供应链上的各个企业结成战略联盟，实现经济效益与环境保护双赢。

以沃尔玛为例，企业一方面会对上游供应商进行环境审核，不符合标准的供应商将失去订单，另一方面沃尔玛与建立供应关系的供应商保持长期合作，通过开展相关培训、提供技术支持等方式实现绿色生产。除此而外，沃尔玛也在包装物流、绿色消费引导等方面做出了积极尝试。沃尔玛曾要求上游供应商简化包装，在减少了资源浪费和碳排放的同时节省了百万美元的物流成本。

美国领先企业还会同利益相关方（如学术界、环保机构、其他品牌、供应商、客户等）结成联盟，共同推进行业绿色供应链的发展。例如IBM、戴尔、惠普等公司早在2004年就发起了电子行业行为准则（Electronic Industry Citizenship Coalition，EICC），旨在规范电子行业的全球供应商的环境行为和社会责任。准则中对电子企业环境行为的要求包含环境许可和报告、有害物质、废水和固体废弃物、污染预防和资源节约、废气排放、产品含量限制。目前有超过110家电子、零售、汽车和玩具品牌及其分布在全球120多个国家的供应商承诺遵守EICC准则。

第三节　非政府组织

除联合国、欧盟和美国政府外，非政府组织也将国际经验带入中国，积极协助中国企业从节能、提升能效、化学品管控等角度，降低对生态环境的负荷，推动绿色转型。

- 美国环保协会

美国环保协会（Environmental Defense Fund，EDF）自2005年起，协助沃尔玛减少企业全球供应链上的温室气体排放。2008年EDF将绿色供应链管理的概念引入中国，通过剖析中国政府绿色采购的相关法律、政策以及实施现状与问题，对中国政府绿色采购的政策框架构建、能力建设和制度设计提出相应的政策建议，并陆续与上海、天津和东莞开展了绿色供应链合作，探索和推动城市层面的绿色供应链管理机制。

此外，EDF还借助自身在企业节能、环境管理以及低碳发展等方面的经验和优势，为上海百联集团、上海通用汽车、宜家家居、苹果公司、翠丰集团和奔迈公司等企业的供应商节能减排改造和能力建设工作提供技术支持，并支持成立了天津低碳发展与绿色供应链管理服务中心。

- CDP

CDP的前身是碳信息披露项目（Carbon Disclosure Project），通过全球信息收集工具和平台，以投资风险概念促进公私部门测量、管理、披露温室气体排放，并通过基于数据的科学决策，支持绿色经济的发展。2017年，CDP代表827名管理100万亿美元资产的投资者向被投资企业发出环境信息披露请求，全球有超过6300家企业、500多个城市、70多个地区通过CDP测量并揭露了关于气候变化，水资源和毁林的信息。

在绿色供应链领域，CDP鼓励企业将其供应商纳入碳信息披露项目，帮助其管理供应链上的碳足迹。该项目最早由沃尔玛与CDP共同发起，旨在利用供应链跨越企业边界的特性，加强温室气体管理的系统性，并运用碳足迹分析的方法，找到供应链流程中的减排机会。时至今日，包括戴尔、欧莱雅、百事可乐、沃尔玛、乐高等75家企业以及7800多家供应商已经参与到CDP的供应链项目。与此同时，CDP准备发起一个绿色供应链融资项目，通过与开发性银行的合作，为参与CDP供应链调查的企业提供更优惠的贷款汇率，提升致力于碳减排的供应商的融资能力，激励更多的供应商参与到减排行动中，形成良性循环。

- 自然资源保护协会

为应对集约化生产带来的污染及资源使用效率低下的问题，自然资源保护协会（NRDC）发起“清洁始于设计”（Clean by Design，CBD）项目，旨在倡导跨国服装品牌和零售商减少其位于他国的工厂造成的环境影响。自然资源保护协会借助企业采购影响力来改善其在华产品供应链的环境绩效，减少对环境和公共健康的负面影响。项目首先在面临成本上升、升级转型和节能减排压力下的纺织行业开展了试点，大力推行具有优良经济效益的减污增效技术与管理措施的有效普及。2016年，GAP、Levi's、沃尔玛等品牌推动23家供应商参与CBD项目，实现年节水量400万吨，同时减少超过3万多吨标煤的使用。

- 危险化学品零排放基金会

成立于2011年的危险化学品零排放基金会（Zero Discharge of Hazardous Chemicals，ZDHC）希望通过安全、科学的化学品管理，消除纺织鞋服价值链上危险化学品的排放。ZDHC的核心工作之一是制定和执行行业化学品标准，即生产限用物质清单（Manufacturing Restricted Substances List，MRSL）。MRSL列出了处理服装和鞋类所用的纺织材料和装饰件的设施中使用的化学物质，并制定了相应的限值，帮助品牌商、生产商、供应商淘汰/替代在制造和相关工艺过程中可能会使用和排放的有害物质。为了支持包括组装或制造服装和鞋类用品的湿加工工厂在内的原材料供应商、分包商和工厂能够顺利使用MRSL清单，ZDHC还为供应商提供指导手册、辅助材料和培训。

自2013年起，ZDHC每年与中国纺织工业联合会一起举办有害化学管控物质利益相关方会议，汇聚国际时尚领导品牌、纺织供应链主流厂商和技术服务机构、政府部门和非政府组织等重点利益相关方，分享最佳实践，明确各利益相关方“共同但有区别的责任”。2016年5月，双方达成战略合作，旨在共同推进在华纺织价值链中的化学品管理。

- 可持续服装联盟

与ZDHC相似，2011年成立的可持续服装联盟（Sustainable Apparel Coalition，SAC）也是纺织行业自发成立的可持续生产联盟。SAC开发了供应链可持续性度量工具Higg指数，从生命周期的角度出发，为品牌商、产品设计人员以及制造商提供改善环境和社会表现的途径。

例如，SAC开发的生态服装新标准（Higg）材料可持续指数（Materials Sustainability Index，MSI）为产品设计人员提供了上万种原材料的环境表现，帮助他们在产品设计初期就考虑到产品从生产到使用的全过程对环境产生的影响，从而做出对环境有益的选择。目前，SAC在全球范围内拥有200多位成员，包括服装品牌商、零售商、制造商、学术机构以及政府和非政府组织。中国一些纺织企业也陆续加入了SAC联盟，开始使用Higg指数为绿色供应链管理提供更科学的依据和方法。

- 责任商业联盟

责任商业联盟（Responsible Business Alliance，RBA）的前身是电子行业公民联盟（Electronic Industry Citizenship Coalition，EICC）。EICC准则涵盖了劳工、职业健康与安全、环境标准、商业道德标准以及管理体系五个部分，鼓励电子行业的企业参与，并运用到其供应链和转包商中。与此同时，RBA建立了标准的验证审计流程（Validated Assessment Process），帮助企业核查和改善其供应链的环境社会表现，以达到RBA制定的电子行业行为准则并遵守相应的国际和地方政策、法规、标准。

第四章

中国绿色供应链滥觞

在全球可持续发展大潮下，中国的环保组织联合发起绿色选择倡议，呼吁消费者选择来自绿色供应链的产品，呼吁参与跨国采购的国内外品牌企业关注“世界工厂”日益严峻的环境污染。与此同时，中国政府不断提升环境信息公开水平，为多方参与污染治理和监督提供了数据保障。以此为契机，环保组织提出基于环境信息公开的供应链环境合规管理机制，成为源自中国视角绿色供应链的滥觞。

第一节　绿色选择倡议

2007年世界水日来临前，公众环境研究中心（IPE）联合另外20家中国的环保组织，共同发出《绿色选择倡议》，呼吁公众在消费过程中考虑企业的环境表现，利用手中的购买权力，促使企业提升环境行为，同时呼吁零售商和品牌企业加强供应链环境管理，推动环境不达标企业采取整改措施，并进行公开说明。

绿色选择倡议

2007年3月21日

在2007年世界水日（3月22日）到来的时候，我们向中国的广大消费者发出绿色选择倡议，希望大家在消费过程中考虑企业的环境表现，在污染企业证明已经改正之前谨慎选择其产品，用自己的购买权力促使企业改进其环境行为。

中国正面临严峻的水污染问题，工业生产排放的大量废水威胁着我们的水环境和公共健康，破坏了有限的水资源。一些企业超标排放，甚至造成恶性停水事件，而这却并不妨碍其产品在市场上热销，这就给企业传递了扭曲的市场信号，鼓励它们降低环境标准，通过减少环保投入来赢得市场竞争。生产过程的污染，最终损害了公众的生活质量和社会福利。

绿色选择也是绿色消费的一种形式。今天，绿色选择的条件已经具备。首先，中国已经建立起活跃的市场经济，而市场中多数产品常常有多种品牌可供挑选。其次，政府环境主管部门近年来加大了环境信息公开的力度，仅我们收集到的政府和官方媒体披露的超标企业已接近5000家，其中有大量的本地中小企业，也包括许多大型企业，甚至包括一些跨国公司。

我们希望消费者能够留意我们收集的环境不达标企业名单，留意它们的品牌，这样下一次当您走进超市，就可以识别超标企业生产的产品。您一念之间的消费选择，会给企业发出一个正向的市场信号，形成真实的市场压力，促使企业考虑其违法排放行为给品牌和市场份额带来的影响，促使其遵守环境法规。

我们同时倡议大型零售商和大型企业主动地加强供应链的环境管理，对照环境不达标企业名单对供货商进行筛选，对其中的不达标企业开展严格的环境审核。这些对供应链条开展绿色管理的企业，其生产和销售的全过程将更加清洁，它们值得公众更多的信任。

我们认为企业对经济繁荣和社会发展有重大作用，但企业没有权利向社会转嫁其环境成本，没有权利违反环境法规。我们希望环境不达标企业能够正确地看待公众的压力，停止违法排放；在此基础上持续改进其环境表现，以便重新赢得公众的信任。我们也在积极寻找资源，力求为愿意改进的企业提供建议和专业意见。

通过绿色选择，我们期待创造正向的市场压力，协助各级环境部门更有效地对污染源实施管理；通过绿色选择，我们期待可以建立一个公平的市场环境，让负责任的企业赢得竞争优势；通过绿色选择，我们期待推动每一个企业的节能减排，促进经济增长方式的转变；通过绿色选择，我们期待公众能通过购买行为维护自身的环境权益，找回曾属于自己的碧水蓝天。

绿色选择倡议发起单位

北京地球村 绿家园志愿者 自然之友 甘肃绿驼铃 天津绿色之友 淮河卫士志愿者协会 中国青年报绿岛 全球环境研究所 北京市可持续发展促进会 绿石环境行动网络 守望家园志愿者 中日韩论坛 绿色汉江 新疆自然保育基金 河北绿色之音 重庆绿色志愿者协会 中国政法大学污染受害者法律帮助中心 云南大众流域 温州绿眼睛 野性中国 公众环境研究中心

由21家环保组织发出的绿色选择倡议，是从中国环境污染问题出发，基于“世界工厂”的国情形成的中国特色解决方案。倡议一方面呼吁公众利用手中的购买权，通过选择来自绿色供应链的产品，推动绿色生产。另一方面，针对劣币驱逐良币的市场环境，倡议提出应引入正向的市场压力，引导品牌关注在华供应链的环境表现，推动中国的供应商企业提升污染治理和环境管理水平，让践行绿色生产的供应商获得订单上的竞争优势，进而形成绿色生产、绿色营销、绿色消费的良性循环。

在绿色选择倡议的引导下，一批大型跨国品牌率先行动。其中，沃尔玛自2008年7月以来，坚持每个月将自己的供应商名单与公众环境研究中心蔚蓝地图数据收录的超标违规企业名单进行比对，发现问题就促进其改进，并对公众作出说明，直至最终通过环保组织监督下的第三方审核，从蔚蓝地图数据库中撤除违规记录。

通用电气在与环保组织开展多轮沟通后，探讨整合通用电气内部审核标准和第三方审核标准；整合内审团队，通过对供应商检索，对违规供应商进行审核。同时，通用电气在签订任何新合同前会先用蔚蓝地图数据库进行环境合规检索。

耐克不但自身定期开展供应商环境合规检索，还将这一工作延伸至二级供应商，鼓励部分一级供应商开展类似的检索。在回应环保组织的邮件中，耐克写道："我们（耐克公司）支持公众环境研究中心（IPE）和相关中国环保组织推动中国企业环境和社会责任的工作……耐克公司不仅仅自己在使用IPE所收集的公共信息数据库，还要求在华供应链伙伴自己关注自己的环境行为，在需要的情况下，还要求公布整改计划。"

日本品牌中，松下积极回应环保组织，对超标供应商进行核对逐一作出说明解释，并成为第一家接受环保组织提出的第三方环境审核的品牌企业，同时推动佳能开始关注在华供应商的环境表现。

第二节　信息公开撬动污染减排

尽管美国和日本的多家大型品牌企业积极响应环保组织于2007年世界水日前夕提出的绿色选择倡议，但全球采购方推动在华供应链绿色化转型的规模和力度有限。另一方面，中国政府不断提升环境信息公开水平，为多方合力撬动工业企业实现污染减排提供了数据基础。

中国政府公开环境信息起步于2003年颁布的《中华人民共和国清洁生产促进法》和《中华人民共和国环境影响评价法》，但环境信息公开真正的里程碑还要追溯到2008年颁布的《环境信息公开办法（试行）》（图4-1）。

依据该办法，环保部门应当在职责权限范围内向社会主动公开：

- 建设项目环境影响评价文件受理情况，受理的环境影响评价文件的审批结果和建设项目竣工环境保护验收结果，其他环境保护行政许可的项目、依据、条件、程序和结果；
- 经调查核实的公众对环境问题或者对企业污染环境的信访、投诉案件及其处理结果；
- 环境行政处罚、行政复议、行政诉讼和实施行政强制措施的情况；
- 污染物排放超过国家或者地方排放标准，或者污染物排放总量超过地方人民政府核定的排放总量控制指标的污染严重的企业名单。

办法同时要求列入“污染物排放超过国家或地方排放标准，或者污染物排放总量超过地方人民政府核定的排放总量控制指标的污染严重的企业名单”的企业，应当向社会公开下列信息：

- 企业名称、地址、法定代表人；
- 主要污染物的名称、排放方式、排放浓度和总量、超标、超总量情况；
- 企业环保设施的建设和运行情况；
- 环境污染事故应急预案；
- 企业不得以保守商业秘密为借口，拒绝公开。

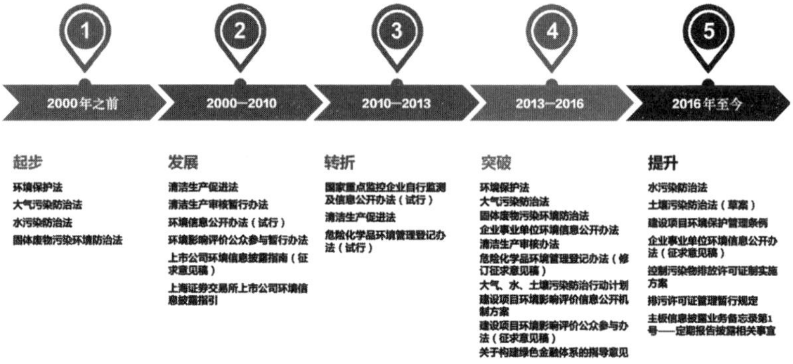

图4-1 政府环境信息公开历程

2013年原环保部发布的《关于加强污染源环境监管信息公开工作的通知》进一步细化信息公开的内容，包括：重点监控污染源基本情况、污染源监测、总量控制、污染防治、排污费征收、监察执法、行政处罚、环境应急等环境监管信息，同时要求开展企业环境行为等级评价的地区公布企业环境行为等级评价信息。通知还要求各级环保部门严格信息公开时限，规范信息公开方式，将网络公开作为污染源环境监管信息公开的主要方式。

以此为契机，《国家重点监控企业自行监测及信息公开办法（试行）》《国家重点监控企业污染源监督性监测及信息公开办法（试行）》《建设项目环境影响评价政府信息公开指南（试行）》等一系列政策文件的发布，以及陆续修订的《环境保护法》《大气污染防治法》《水污染防治法》《土壤污染防治法（草案）》，不断提升政府和企业环境信息公开水平。

公众环境研究中心充分利用信息公开的红利，于2006年创建蔚蓝地图数据库，全面收录31个省、337个地级市政府发布的环境质量，污染源监管记录以及企业基于相关法规和企业社会责任要求强制或自愿披露的数据，并持续推动政府和企业公开更多环境信息。截至2019年底，蔚蓝地图累计收集超过160万条环境监管记录如（图4-2）。

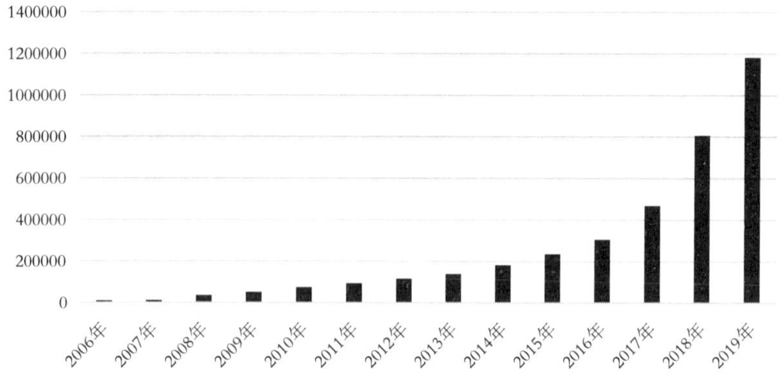

图4-2　蔚蓝地图累计收录的环境监管记录数量

注：上述柱状图，未纳入2017年收录的44万条违规建设项目清理数据。

这些环境信息作为杠杆（图4-3），有力促进更多利益相关方深度参与污染治理，通过市场驱动和社会监督，多方合力撬动企业实现环境合规和节能减排。

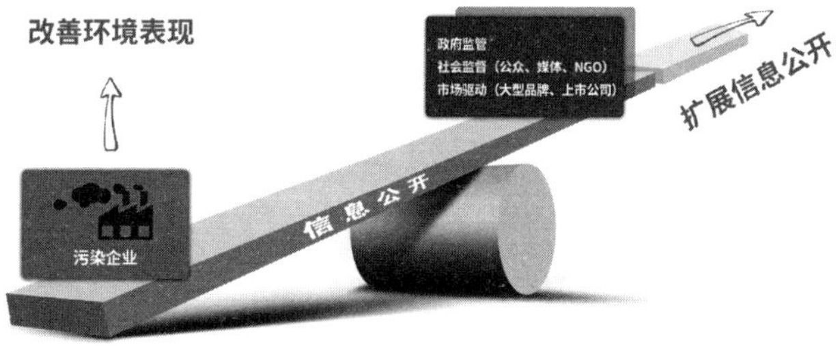

图4-3　信息公开撬动污染治理

其中，在华进行采购的品牌企业和上市公司，可以将供应商名单与蔚蓝地图数据库收录的企业环境信息进行比对，筛查存在环境违法违规行为的供应商，定位供应链的环境负荷和风险，通过供求关系撬动污染企业采取整改措施，并进行公开说明。而公众、环保组织和媒体可以监督企业整改情况，共同推动污染企业实现合规，并提升环境绩效。由此可见，环境信息公开可以推动采购方将供应商的环境表现纳入考核项目，通过市场机制建立更公平的竞争环境，扭转谁污染谁成本低、“劣币驱逐良币”的现状，实现良性发展，助力绿色生产。

第三节　绿色供应链解决方案

在全面收录31个省、337个地级市发布的企业环境监管记录的基础上，蔚蓝地图数据库为各利益方有效参与环境保护提供开放的数据平台，并以此为契机建立了基于环境监管记录整改和信息公开的供应链环境合规管理机制（图4-4）。

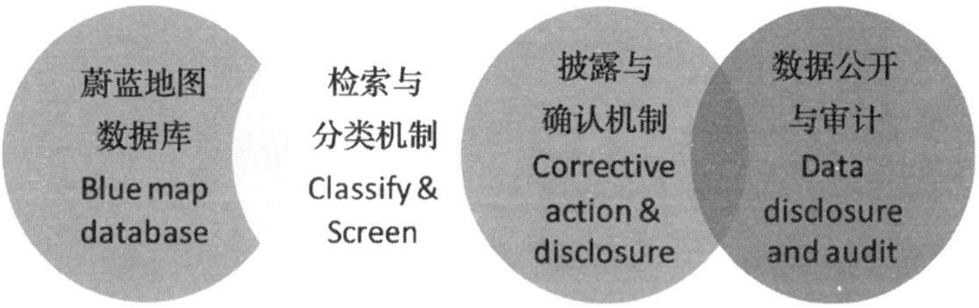

图4-4　基于蔚蓝地图数据库的供应链环境合规管理机制

参与全球采购的企业可以在蔚蓝地图数据库中检索其下属企业、关联企业和供应商企业的环境合规表现。对于存在环境监管记录的企业，利用采购订单的压力，要求其就记录产生的原因及整改达标的情况提供资料（图4-5），在蔚蓝地图数据库进行公开。这些文件可以涵盖但不限于：

- 违规原因：环保部门出具的行政处罚决定书、企业对记录产生原因的解释说明；
- 采取的整改措施：企业出具的整改措施说明文件、环保部门出具的整改完成证明文件；
- 污染治理设施的现状及应急预案等管理情况：在线监测数据、环保部门监测报告、第三方检测报告。

这些信息的公开有助于品牌客户、投资机构、公众和媒体等各利益方获取企业环境合规表现的更新，持续推动企业提升污染控制水平，降低环境负荷。

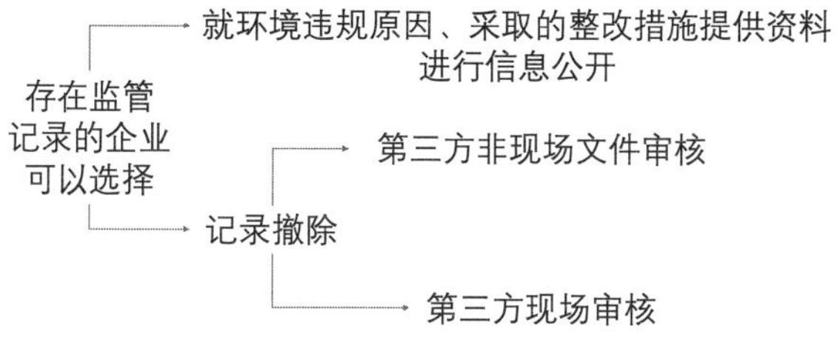

图4-5　企业针对环境监管记录的处理方式

企业还可以通过绿色选择GCA（Green Choice Alliance）审核证明整改有效性，能够做到达标排放，将环境监管记录从蔚蓝地图数据库中撤除，所有文件和现场审核报告和结论均通过蔚蓝地图网站向公众公开。根据企业环境监管记录的年份与具体违规事项，记录撤除分为第三方非现场文件审阅和现场审核。

非现场文件审阅是指企业通过向第三方提供文件以及环保数据，确定环境监管记录已经完成切实整改，企业环境管理体系能够支撑污染管控。现场审核指企业聘请第三方环境咨询公司，对企业污染物管理控制的全面性、有效性、合规性进行系统评价，审核过程重点关注如下项目，绿色选择联盟中的环保组织监督现场审核过程。

（1）企业对环境监管记录涉及的违规项采取了有效整改；

（2）企业在正常、非正常工况生产及紧急情况下、经营以及提供服务的过程中，所涉及的污染物（工业废水、生活污水、工业废气、食堂油烟、危险废物等）在产生、收集、储存、处理、排放、转移等环节中，能够满足相应的法律法规和标准要求；

（3）企业建立环境管理体系，污染物处理能力正常运行。

此外，供应链环境管理领先的品牌企业还积极推动供应商在实现环境合规的基础上，利用蔚蓝地图网站等公开的数据平台，披露年度能源和碳排放、水资源消耗、废水和废气污染物排放、危险废物排放与转移数据。通过采购环境信息更透明、减排实践可核查的供应商，倒逼在华代工厂更准确地监测污染物产生量，并自愿开展减排，降低生产给环境带来的负荷。

供应商环境数据披露也帮助多家电子品牌，有效应对美国政府的绿色采购要求。依据美国绿色电子委员会（Green Electronics Council，GEC）出台的电子产品环境影响评估工具（Electronic Products Environmental Assessment Tool，EPEAT）服务器（NSF / ANSI 426-2017）标准（12.2.3可选——企业毒性物质释放公开填报），制造商需要要求3类特定组件（即主要存储设备、主要半导体设备和印刷电路板）前6家供应商中的3家，填报和披露美国有毒物质排放清单、联合国《污染物排放和转移登记议定书》或其他地区登记制度中涉及的有毒有害化学品。这些电子品牌从2015年起陆续要求高环境影响的在华供应商，通过蔚蓝地图网站披露环境数据，并通过订单分配给予认可，在满足美国政府绿色采购要求的同时，有效推动在华供应链的绿色转型。

第五章

绿色供应链上升为国家政策

2014年，绿色供应链首次进入APEC首脑会议议题，中国政府陆续出台有利于绿色供应链发展的政策，为不同利益方参与和推动建设绿色供应链打开了更大的政策和操作空间。

第一节　从区域到国家层面的政策红利助力绿色供应链实践

一、绿色供应链进入APEC首脑会议

亚太经合组织（Asia-Pacific Economic Cooperation，APEC）作为亚太地区级别最高、领域最广、最具影响力的经济合作机制，在持续推动地区贸易投资自由化、区域经济一体化的基础上，将“绿色化”加入议题，助力区域经济绿色转型和可持续发展。

早在2011年，APEC第19次领导人非正式会议就提出要“深化亚太地区绿色增长合作”。原环境保护部于2014年5月在天津组织召开了以“促进亚太地区绿色发展与绿色转型”为主题的APEC绿色发展高层圆桌会议，通过了《APEC绿色发展高层圆桌会议宣言》。

2014年11月，亚太经合组织第二十二次领导人非正式会议在北京召开，批准了旨在推动全球价值链发展的合作战略蓝图，支持跨境产品带来增加值的“贸易环节”。与之相配套，会议提出要建立亚太经合组织供应链联盟，促进绿色供应链合作。绿色供应链合作网络建设由此被写入《北京纲领：构建融合、创新、互联的亚太——亚太经合组织第二十二次领导人非正式会议宣言》（以下简称《北京宣言》）。

2015年6月，APEC绿色供应链示范中心在天津正式启动，标志着

《北京宣言》提出的绿色供应链合作网络建设工作正式启动。

二、国内绿色供应链法规与政策推进

2016年11月，国务院发布《“十三五”生态环境保护规划》，明确要求：“促进绿色制造和绿色产品生产供给。从设计、原料、生产、采购、物流、回收等全流程强化产品全生命周期绿色管理。支持企业推行绿色设计，开发绿色产品，完善绿色包装标准体系，推动包装减量化、无害化和材料回收利用。建设绿色工厂，发展绿色工业园区，打造绿色供应链，开展绿色评价和绿色制造工艺推广行动，全面推进绿色制造体系建设。增强绿色供给能力，整合环保、节能、节水、循环、低碳、再生、有机等产品认证，建立统一的绿色产品标准、认证、标识体系。”

这是绿色供应链第一次进入国家生态环境保护五年规划，但事实上，中国政府自2000年以来已经陆续出台了一系列利好政策和标准，从工业绿色发展和供给侧改革等宏观层面，以及政府和企业绿色采购、绿色消费、绿色制造、生产者责任延伸等操作层面，为推进绿色供应链提供了政策保障。此外，虽然针对绿色供应链的立法工作尚未启动，但现有法律法规也从不同角度助力绿色转型。

1.绿色供应链管理

2017年5月，由全国绿色制造技术标准化技术委员会主导编制的《绿色制造制造企业绿色供应链管理导则》（GB/T 33635-2017）（以下简称《导则》）正式发布，旨在推动制造企业在产品生命周期全过程，即产品设计、材料选用、生产、采购、回收利用、废弃物无害化处置等环节，提高资源利用率、减少环境污染（图5-1）。作为中国政府首次制定并发布的绿色供应链相关标准，该《导则》的发布“对于引导制造企业实施绿色供应链管理，构建以资源节约、环境友好为导向的绿色供应链体系，强化绿色生产，提升企业核心竞争力，实现绿色发展有重要作用”。

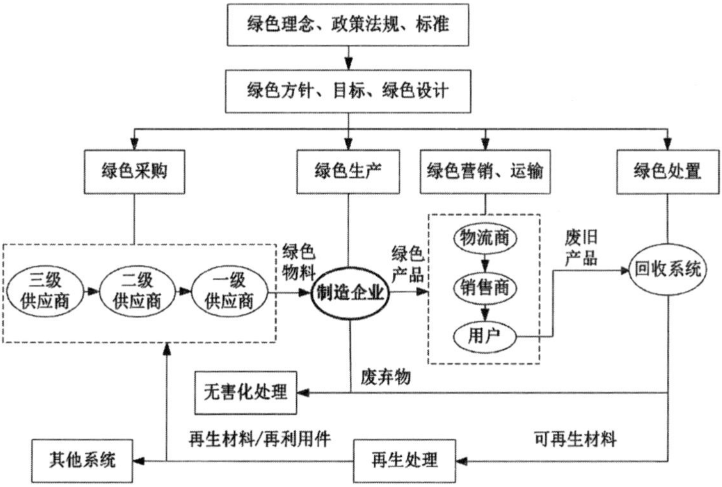

图5-1 制造企业绿色供应链基本流程图

（图片来源：全国绿色制造技术标准化技术委员会）

依据该《导则》，开展绿色供应链管理需要企业：

- 将绿色制造、产品生命周期管理和生产者责任延伸理念融入企业供应链管理体系；
- 识别从产品设计、材料选用、采购、加工、运输、储存、包装、使用、回收利用，直至最终处置生命周期过程产品及其生命周期各个阶段的绿色属性；

- 协同供应商、制造企业、物流商、销售商、最终用户以及回收、拆解、再利用、废弃物处置等企业，对产品/物料的绿色属性进行有效管理，减少产品/物料及其制造、运输、储存及使用等过程的资源（包括能源）消耗、环境污染和对人体的健康危害，促进资源的回收和循环利用。

《导则》进一步提出，开展绿色供应链管理的制造企业需要：

- 将绿色可持续发展理念融入企业生产经营活动，将产品生命周期的环境、健康安全、节能降耗、资源循环利用等因素纳入供应链管理系统，建立健全绿色供应链管理体系。
- 充分考虑法律、法规、标准和利益相关方的要求。
- 制定绿色供应链管理方针和可量化、可测量（或可评价）的管理目标。
- 建立有效的组织机构和提供必要的人力、财力、设备、信息及知识等资源，或对现有机构及资源进行整合，满足绿色供应链管理需要。
- 实施绿色设计，分析产品及其生命周期和供应链各个环节的绿色属性，制定优化和改进目标、措施，对产品/物料环境属性进行识别、分类。
- 建立企业绿色采购流程，制定供应链协同改进措施。
- 对员工进行绿色供应链管理意识、知识和能力培训，及时将有关信息传达给供应链各相关方，使绿色供应链管理要求得到员工和相关方的理解和支持。
- 建立产品生命周期各相关过程管理程序和标准。

- 建立产品绿色回收及再生利用机制和渠道。
- 建立信息化管理平台，对企业及其供应商绿色供应链相关信息进行管理。
- 定期进行绿色供应链管理绩效评价。
- 在管理体系中增加绿色供应链管理评审和持续改进要求。

2017年10月，国务院办公厅发布《国务院办公厅关于积极推进供应链创新与应用的指导意见》，在国家层面进一步提出“积极倡导绿色供应链”，具体包括：

（1）倡导绿色制造。推行产品全生命周期绿色管理，在汽车、电器电子、通信、大型成套装备及机械等行业开展绿色供应链管理示范。强化供应链的绿色监管，探索建立统一的绿色产品标准、认证、标识体系，鼓励采购绿色产品和服务，积极扶植绿色产业，推动形成绿色制造供应链体系。

（2）推行绿色流通。积极倡导绿色消费理念，培育绿色消费市场。鼓励流通环节推广节能技术，加快节能设施设备的升级改造，培育一批集节能改造和节能产品销售于一身的绿色流通企业。加强绿色物流新技术和设备的研究与应用，贯彻执行运输、装卸、仓储等环节的绿色标准，开发应用绿色包装材料，建立绿色物流体系。

（3）建立逆向物流体系。鼓励建立基于供应链的废旧资源回收利用平台，建设线上废弃物和再生资源交易市场。落实生产者责任延伸制度，重点针对电器电子、汽车产品、轮胎、蓄电池和包装物等产品，优化供应链逆向物流网点布局，促进产品回收和再制造发展。

2.绿色设计

《清洁生产促进法》第2条、第20条、第24条,《循环经济促进法》第19条,《电子信息产品污染控制管理办法》第3条、第9条、第25条,以及《关于开展工业产品生态设计的指导意见》等都要求在产品及包装物设计阶段,统筹考虑原料、设备、工艺、消费、回收及处理等环节的环境影响,优先选择无毒、无害、易于降解或者便于回收利用的方案,减轻产品全生命周期对环境的不利影响(表5-1)。

表5-1 推动绿色设计的政策法规

文件	颁布或修订时间	相关内容
《清洁生产促进法》	2012年	第2条:本法所称清洁生产,是指不断采取改进设计、使用清洁的能源和原料、采用先进的工艺技术与设备、改善管理、综合利用等措施,从源头削减污染,提高资源利用效率,减少或者避免生产、服务和产品使用过程中污染物的产生和排放,以减轻或者消除对人类健康和环境的危害。 第20条:产品和包装物的设计,应当考虑其在生命周期中对人类健康和环境的影响,优先选择无毒、无害、易于降解或者便于回收利用的方案。 第24条:建筑工程应当采用节能、节水等有利于环境与资源保护的建筑设计方案、建筑和装修材料、建筑构配件及设备。

（续表）

文件	颁布或修订时间	相关内容
《循环经济促进法》	2008年	第19条：从事工艺、设备、产品及包装物设计，应当按照减少资源消耗和废物产生的要求，优先选择采用易回收、易拆解、易降解、无毒无害或者低毒低害的材料和设计方案，并应当符合有关国家标准的强制性要求。对在拆解和处置过程中可能造成环境污染的电器电子等产品，不得设计使用国家禁止使用的有毒有害物质。禁止在电器电子等产品中使用的有毒有害物质名录，由国务院循环经济发展综合管理部门会同国务院环境保护等有关主管部门制定。设计产品包装物应当执行产品包装标准，防止过度包装造成资源浪费和环境污染。
《固体废物污染环境防治法》	2015年	第3条：国家采取有利于固体废物综合利用活动的经济、技术政策和措施，对固体废物实行充分回收和合理利用。
《报废汽车回收管理办法》	2001年	第14条：报废汽车回收企业必须拆解回收的报废汽车；其中，回收的报废营运客车，应当在公安机关的监督下解体。报废汽车回收企业拆解报废汽车，应当遵守国家环境保护法律、法规，采取有效措施，防治污染。

（续表）

文件	颁布或修订时间	相关内容
《电子信息产品污染控制管理办法》	2006年	第3条：电子信息产品污染控制，是指为减少或消除电子信息产品中含有的有毒、有害物质或元素而采取的下列措施：1.设计、生产过程中，改变研究设计方案、调整工艺流程、更换使用材料、革新制造方式等技术措施；2.设计、生产、销售以及进口过程中，标注有毒、有害物质或元素名称及其含量，标注电子信息产品环保使用期限等措施。 第9条：电子信息产品设计者在设计电子信息产品时，应当符合电子信息产品有毒、有害物质或元素控制国家标准或行业标准，在满足工艺要求的前提下，采用无毒、无害或低毒、低害、易于降解、便于回收利用的方案。 第25条：任何组织和个人可以向信息产业部或者省、自治区、直辖市信息产业主管部门对造成电子信息产品污染的设计者、生产者、进口者以及销售者进行举报。
《关于开展工业产品生态设计的指导意见》	2013年	引导企业开展工业产品生态设计，促进生产方式、消费模式向绿色低碳、清洁安全转变。

3.绿色制造

2015年5月，国务院印发《中国制造2025》，提出“创新驱动、质量为先、绿色发展、结构优化、人才为本”的新型工业化道路基本方针。在推行绿色制造方面，《中国制造2025》要求“加大先进节能环保技术、工艺和装备的研发力度，加快制造业绿色改造升级；积极推行低碳化、循环化和集约化，提高制造业资源利用效率；强化产品全生命周期绿色管理，努力构建高效、清洁、低碳、循环的绿色制造体系”。

为落实《中国制造2025》，工信部在2016年先后制定了《绿色制造2016专项行动实施方案》和《绿色制造工程实施指南（2016-2020年）》。其中，2016专项行动实施方案提出，将与财政部合作，在京津冀、长江经济带、东北老工业基地等地区，选择部分城市开展绿色制造试点示范，创建一批绿色示范工厂。《绿色制造工程实施指南（2016-2020年）》要求，以汽车、电子电器、通信、大型成套装备等行业龙头企业为依托，以绿色供应标准和生产者责任延伸制度为支撑，加快建立以资源节约、环境友好为导向的采购、生产、营销、回收及物流体系。实现到2020年，全国开发推广万种绿色产品，创建1000家绿色示范工厂、100家绿色工业园区，在重点行业初步建立绿色供应链管理体系的目标。

此外，工信部参与制定《工业绿色发展规划（2016-2020年）》《纺织工业发展规划（2016—2020年）》《医药工业发展规划指南》《汽车产业中长期发展规划》等规划文件，也将打造绿色制造体系，在设计、生产、使用、回收的环节做到系统的环境管理，建设绿色工厂、绿色园区纳入重点工作任务。

工信部还在电器电子、机械装备、汽车、纺织、建材等行业开展工业生态设计示范企业创建工作，希望通过推广示范企业的有益经验，引导工业污染防治从“末端治理”向“全生命周期控制”转变，提升产业绿色开发创新能力。

4.绿色采购和绿色消费

发达国家的经验表明，政府绿色采购是绿色供应链发展的重要助推器。中国政府近年来也通过人大立法、发布采购指南等形式，积极推动政府和企业绿色采购。

——2002年出台的《中华人民共和国清洁生产促进法》第16条规定："各级人民政府应当优先采购节能、节水、废物再生利用等有利于环境与资源保护的产品。"

——2004年发布的《节能产品政府采购实施意见》要求：各级国家机关、事业单位和团体组织用财政性资金进行采购的，应当优先采购节能产品，逐步淘汰低能效产品。

——财政部和原环保部2006年联合发布《关于环境标志产品政府采购实施的意见》，以及首批14个产品种类的"环境标志产品政府采购清单"，标志着中国政府绿色采购制度全面启动，环境准则正式被纳入政府采购的模式之中。截至2017年底，财政部和原环保部累计发布20期《环境标志产品政府采购清单》，涵盖40大类，19000多种型号的汽车、ICT设备、家具、配饰、建材、涂料等采购产品。2009年颁布的《中华人民共和国循环经济促进法》第47条规定："国家实行有利于循环经济发展的采购政策。使用财政性资金进行采购的，应当优先采购节能、节水、节材和有利于保护环境的产品及再生产品。"

——2014年修订的《中华人民共和国政府采购法》第9条明确指出："政府采购应当有助于实现国家经济和社会政策目标，包括保护环境，扶持不发达地区和少数民族地区，促进中小企业发展等。"

——2014年由商务部、原环保部协同工信部联合发布的《企业绿色采购指南（试行）》提出，"鼓励企业树立绿色采购理念，将绿色采购理念融入经营战略，贯穿原材料、产品和服务采购的全过程，不断改进和完善采购标准和制度，推动供应商持续提高环境管理水平，共同构建绿色供应链。"

除了绿色采购，2016年发改委、中宣部、科技部、财政部等部门联合制定了《关于促进绿色消费的指导意见》，指出绿色消费是推动供给侧改革、培育新经济增长点的重要手段。依据2016年5月原环保部发布的《关于积极发挥环境保护作用促进供给侧结构性改革的指导意见》，政府、企业绿色采购和公众绿色消费还可以通过市场杠杆效应，带动产业链上下游采取节能环保措施，从全产业链进行绿色改造，降低污染排放和环境影响，促进企业绿色转型升级。

环境标志产品和能效标识认证也有助于公众作出绿色消费选择。“中国环境标志产品认证”由原环保部授权中环联合（北京）认证中心有限公司设立。获得该认证的产品，不仅需要质量合格，在生产、使用和处理处置过程中也需要符合环境保护要求，并需要比同类产品具有低毒少害、节约资源等环境优势。截至2016年12月，环境标志认证标准共涉及包括再生纸制品、一次性餐饮具、家具、生态住宅、水泥、文具、箱包、打印机等99类产品。环境标识可以引导消费者购买、使用对环境有益的产品，也可以通过消费者选择和市场竞争，引导企业自觉调整产品结构，采用清洁生产工艺，使企业环保行为遵守法律、法规，生产对环境有益的产品。

能源效率标识源自发改委、原质检总局于2004年8月联合制定并发布的《能源效率识别管理办法》，主要涵盖以下内容，旨在引导消费者选择高效节能的产品。

——生产者名称或者简称；

——产品规格型号；

——能效等级；

——能效指标；

——依据的能源效率强制性国家标准编号；

——能效信息码。

《中华人民共和国试行能源效率标识的产品目录》详细规定了实行能效标识管理的产品。凡是列入该目录的用能产品生产者和进口商，需要利用自有检测实验室或者委托依法取得资质认定的第三方检测检验机构对产品进行检测，并依据该目录中确定的能效标准，确定产品能效等级。截至2017年4月共有包括家用电冰箱、冷水机组、复印机、打印机和传真机等33类产品实施能效标识。能源效率标识有利于消除用能产品生产端和消费端的信息不对等，充分激发市场活力，推进节能技术创新，促进节能市场的良性竞争，持续提升产品整体能效水平。

5.绿色回收及再利用

为引导废旧产品或者零部件回收和再利用，延长产品生命周期，节约资源能源，减少污染物排放，《循环经济促进法》要求：国务院循环经济发展综合管理部门制定强制回收的产品和包装物的名录及管理办法。生产列入强制回收名录的产品或者包装物的企业，必须对废弃的产品或者包装物负责回收；对其中可以利用的，由各该生产企业负责利用；对因不具备技术经济条件而不适合利用的，由各该生产企业负责无害化处置。

陆续出台的《报废汽车回收管理办法》《再生资源回收管理办法》《电子废物污染环境防治管理办法》《废弃电器电子产品回收处理管理条例》进一步为企事业单位开展产品回收和再利用提供政策支撑。

第二节　中国政府的绿色供应链实践

在国际机构将绿色供应链在国外的实践经验引入中国的同时，生态环境部和工信部及其下属机构通过制定行业规范，推动企业试点示范，正在助力中国企业实现绿色生产的转型。

一、国家层面

1.生态环境部

为有效落实国务院办公厅印发的《关于积极推进供应链创新与应用的指导意见》，生态环境部会同七部委于2018年4月联合发布《关于开展供应链创新与应用试点的通知》，将构建绿色供应链列为重点任务，通过引导地方政府和企业践行绿色发展理念，促进生态环境质量改善。

以城市为主体的创新和应用试点工作主要包括：

（1）深化政府绿色采购，优先采购和使用节能、节水、节材等环保产品、设备和设施，并建立相应的考核体系；

（2）建立绿色供应链制度，研究制定重点产业企业绿色供应链构建指南，建立健全环保信用评价、信息强制性披露等制度，依法依规公开供应链全环节的环境违法信息；

（3）推动环境保护行业发展，支持环境保护技术装备、资源综合利用和环境服务等环境保护产业的发展；

（4）推进绿色消费，加大对绿色产品、绿色包装的宣传力度，鼓励开展“快递业+回收业”定向合作，引导崇尚自然、追求健康的消费理念，培育绿色消费市场。

此外，试点企业则要以全过程、全链条、全环节的绿色发展为导向，优先采购和使用节能、节水、节材等环保产品、设备和设施，促进形成科技含量高、资源消耗低、环境污染少的产业供应链。

除配合其他部门推进试点，制定相关标准规范，健全绿色供应链的政策法规体系外，生态环境部下属的中环联合认证中心（CEC）早在2008年，即从绿色供应链管理体系建设、绿色供应链评价、绿色供应链人员能力建设以及绿色供应链科研项目合作等方面开展工作。

2016年，中环联合认证中心借鉴ISO 14001、ISO 9001等管理体系标准，从体系建设、供方评价、绿色度评价、绩效评价4个角度，编制了《绿色供应链管理体系技术规范》《绿色供应链外部供方评价指南》《绿色供应链组织绿色评级标准》《绿色供应链绩效评价指南》，为企业进行绿色供应链管理提供支持。此外，中环联合认证中心还发布了针对家具行业，以及复印机、打印机、传真机和多功能一体机行业的绿色供应链评价技术规范，并对32家相关企业进行了绿色供应链认证工作。

在地方绿色供应链管理试点项目中，中环联合认证中心参与天津绿色供应链试点项目的相关标准框架搭建、标准编制的工作，为参与上海绿色供应链管理示范项目的企业提供技术支持；参与东莞市绿色供应链的试点工作方案编制，负责对试点企业实施《东莞市家具/制鞋企业绿色供应链管理评价测试》，对28家相关企业进行了绿色供应链评价工作。

2.工业和信息化部

近年来，工信部围绕推进绿色供应链发展，尤其是绿色制造、绿色采购、绿色包装、绿色设计等领域制定了《工业绿色发展规划（2016–2020年）》《绿色制造工程实施指南（2016–2020年）》以及《关于积极推进供应链创新与应用的指导意见》等一系列政策、标准、指南和规划，并在汽车、电器电子、通信、大型成套装备及机械等重点行业开展绿色供应链管理试点示范。

2017年3月，工信部发布《关于请推荐第一批绿色制造体系建设示范名单的通知》，要求各级工业和信息化主管部门贯彻落实《中国制造2025》，深入实施绿色制造工程，加快构建绿色制造体系，率先打造一批绿色制造先进典型。经申报单位自评价、第三方评价机构评价、省级工业和信息化主管部门推荐、专家论证、复核以及网上公示等环节，工信部于9月公布了第一批绿色制造示范名单，包括193种绿色设计产品、201家绿色工厂、24家绿色园区以及15家绿色供应链管理示范企业。

此外，在行业规划指南中，工信部也将发展绿色供应链列为重点任务。例如，在《纺织工业发展规划（2016–2020年）》《医药工业发展规划指南》《2017年工业信息业标准化工作要点》以及《汽车产业中长期发展规划》中，工信部都要求在行业设计、生产、消费全过程中纳入环境考量，全面推行绿色制造、绿色供应链系统建设。

工信部直属的工信部国际经济技术合作中心（以下简称“工信国

际”），通过总结欧美发达国家经济体推行绿色供应链的经验和教训，积极探索绿色供应链领域的成功案例，提出了完善中国绿色供应链体系的建议，包括：

——进一步细化针对绿色供应链建设的法律法规和政策标准；

——加快补齐生命周期中的短板（例如回收和资源再利用环节）；

——进一步推动环境信息公开，特别是各级重点排污单位的环境信息，并提高数据准确性和真实性；

——更充分地利用市场机制，通过财税政策、贷款保险等金融手段，引导企业开展供应链环境管理。

除了专项研究，工信国际还联合公众环境研究中心和中国国际贸易促进委员会电子信息行业分会，在2016年、2017年连续两年举办“制造企业绿色供应链管理论坛”，通过行业专家和企业分享绿色供应链管理方面的成功尝试和经验，促进多方交流，推进绿色供应链管理实践。

二、中国地方实践

除国家层面的政策创新和引导外，天津、上海、深圳和东莞4个城市也积极开展绿色供应链试点工作，并开创出各自特色（表5-2）。

天津市还出台了《绿色供应链管理试点实施方案》《绿色供应链管理工作导则》《绿色供应链管理暂行办法》《绿色供应链产品政府采购管理办法》《绿色供应链产品政府采购目录》等政策，以及与之配套的《绿色供应链管理体系要求》（DB12/T 632-2016）、《绿色供应链管理体系实施指南》（DB12/T 662-2016）、《制造企业绿色供应链管理导则》等标准，充分发挥政策规范和标准引领的作用，率先在汽车、冶金、电子信息、石油化工、生物医药等基础较好的领域开展绿色供应链管理试点工作。

表5-2　绿色供应链地方实践

城市	开展时间	参与方	特点	项目内容	成果
天津	2013年至今	国合会、市政府、天津低碳发展与绿色供应链管理服务中心 技术支持： 中环联合认证中心、国家质检总局、APEC贸易与投资委员会	政府采购为主	建设天津示范中心门户网站／天津示范中心登记平台； 建立绿色供应链标准体系，绿色产品认证、核证体系； 推动政府绿色采购、大众绿色消费、绿色贸易； 绿色金融、低碳金融； 天津示范中心门户网站与APEC官网及部分经济体互联互通，APEC经济体成员合作机制不断完善	2015年4月，《天津市绿色供应链产品政府采购管理办法》实施，提出由市财政直接实施对绿色供应链产品的政府采购； 2016年7月，《绿色供应链管理体系要求》（DB12/T632-2016）实施，是国内首个针对绿色供应链管理的地方标准； 2016年11月，《绿色供应链管理体系实施指南》（DB12/T 662-2016）开始执行； 2016年11月，天津市发改委发布《关于落实国家综合配套改革试验区重点任务　创新绿色供应链管理体制机制的实施方案》

（续表）

城市	开展时间	参与方	特点	项目内容	成果
上海	2013年至今	美国环保协会、国合会、市环保局等 技术支持：上海环科院、泽晟环境技术有限公司	企业主导	上海100+企业绿色链动计划； 上海绿享计划	2015绿色供应链优秀案例：巴斯夫（中国）："1+3"供应链企业社会责任项目，上海贝尔"打造绿色采购，强化供应商管理"项目； 2016链动100+绿色供应链优秀案例名单（包括：上汽通用："绿动未来"供应链管理计划；可口可乐：申美能源绿色供应链项目；花园饭店：绿色供应链宾馆模式创建；上汽大众：绿色供应链管理模式；焕境环境：东方循环网固体废物信息化交易平台）； 绿色供应链服务平台； 绿色供应链智享平台
深圳	2014年至今	深圳市人居环境委、华为	政企合作（龙头企业），市场驱动	"深圳绿色供应链"试点项目	2006深圳环保局与发表《绿色采购宣言》的13企业（华为、富士康、富士施乐、爱普生等）签订了绿色采购协议

（续表）

城市	开展时间	参与方	特点	项目内容	成果
东莞	2015年12月至今	中国—东盟环境保护合作中心、美国环保协会、中环联合认证中心	绿色供应链管理体系，绿色制造转型升级	推动企业绿色供应链环境管理及政企绿色采购等两大工作； 构建绿色供应链管理制度体系、绿色供应链管理指标评价体系、绿色供应链管理服务支撑体系等三大体系； 先行开展家具、制鞋、电子和机械等四大制造行业以及零售服务业试点工作； 完成推行政府绿色采购、绿色采购商计划、重点行业试点示范、财政金融支持体系和管理服务平台建设五大任务	2015年底，制定《东莞市绿色供应链环境管理工作方案》 2016年10月，绿色供应链东莞指数发布并开始试点测试；“东莞指数”是综合评估东莞市工业企业绿色化程度及可持续发展能力的量化指标体系，用于评价和展示企业在能源绩效、环境绩效以及低碳发展三个方面的水平，包含绿色设计与采购相关指标14项，绿色生产与物流相关指标22项； 2016年11月，成立绿色供应链东莞示范中心、中国家具产业绿色供应链联盟； 2017年6月，成立广东省绿色供应链协会

第六章

民间力量推动中国绿色供应链转型

在绿色供应链理念的引导及环境信息公开力度不断提升的背景下，中国的环保组织积极开展针对IT和纺织行业的供应链环境污染调研。从推动国内外知名品牌企业关注在华供应商的环境合规表现入手，环保组织借鉴可持续发展指标体系的国际经验，绘制出一张引导供应链绿色转型的路线图。

第一节　IT产业供应链绿色转型

2009年，中国爆发了一系列重金属污染事件，环保组织积极利用公开的环境信息开展调研，发现IT产品的生产过程涉及大量重金属排放，其中主要涉及印刷线路板（PCB）在电镀和蚀刻工序中产生的铜、镍、铬和铅酸蓄电池的生产过程中排放的铅。

不仅如此，一批超标排污的电子行业企业疑似是大型IT品牌的供应商。2010年4月，中国34家环保组织为促进IT产业解决其对在地生态环境的污染，与29个IT品牌进行了多轮沟通，希望其确认：

1. 环保组织调研的污染企业是不是其供应商?

2. 如果其中存在供应商，品牌是否了解供应商的环境违法情况?

3. 如果有所了解，品牌是否已经采取措施？如果还不了解情况，在收到环保组织的沟通信件后，准备采取什么措施?

4. 是否还有其他的供应商存在环境违规问题?

5. 对供应商的环境表现是否有一个标准？是否建立了供应商环境管理体系?

供应商发生环境违规，显示品牌企业在供应链环境和社会责任管理方面存在明显漏洞。然而，无论在西方还是在中国，都有许多声音认为：出现环境污染的不是品牌下属的工厂，因此这些问题皆与品牌企业无关。

这样的认识并非不可理解，因为这个问题涉及经济全球化过程中复杂的外包关系和代工生产链条，以及由此引发的环境和社会责任认定问题。毋庸置疑，在环境污染事件中，违规供应商和监管不力的政府部门都负有重要责任，但品牌企业的责任同样不容推卸，理由如下。

首先，任何一家出产大量硬件产品的企业，都必须承担其产品生产过程中的环境和社会责任，这一点已经日益成为社会共识。然而，在经济全球化浪潮中，大部分品牌企业已经不再保留自己的工厂，小到一颗螺丝钉，也完全依赖代工厂进行生产。按照这样的逻辑，品牌企业可以宣称自己是无限绿色的，因为它没有生产，自然也就与生产过程中的污染没有关系。如此一来，品牌企业实际上通过外包生产，将其环境和社会责任一并转嫁出去，从此不必为产品生产过程的任何污染承担责任。如果这样的逻辑可以成立，那么控制世界市场主要份额的大型品牌都可以通过外包生产，规避其产品生产过程中造成的环境问题。然而，产品生产过程中的污染和伤害问题，却并没有因为品牌企业外包生产就消失。IT产业普遍涉及的PCB板、电池等多个生产过程污染相当严重，更涉及排放重金属等有害物质。

其次，产品主要通过代工企业生产加工，导致位于产业链更高端的买家企业在利益分配格局中占有绝对的优势。如果品牌企业在采购时只问质量和价格，不问社会责任表现，实际上就会诱导甚至压迫其供应商通过牺牲环境降低成本，去赢得品牌客户的订单，赚取超额利益。全球生产和采购过程中的信息不对称，可能造成大品牌廉价购买产品，而把污染留在发展中国家的土地上，将其环境和社会成本外部化，以此来继续攫取超额利润。权利和责任应该对等，有多大的权利，理当承担多大的责任。因此，在供应链利益分配中拥有极大权利的品牌企业在获取利润的同时，理应承担供应链的环境责任。

最后，很多品牌企业通过年报和企业社会责任报告，对环境保护、供应商环境管理等作出高调承诺。与此同时，它们又以其“不知道谁污染谁不污染”为理由，在采购中只看价格，而不关注企业的环境表现，利用地方保护主义、环境监管不严、企业环境意识薄弱等情况，将污染转嫁到中国等发展中国家，违背其绿色承诺。

因此，在全球化生产和采购的时代，品牌企业有责任和义务关注其在华供应商的环境表现，推动其实现环境合规。

在环保组织调研的29个品牌中，主要通过代工企业进行生产加工的苹果公司，起初以“本公司历来不透露供应商”为借口，拒绝回应环保组织就其供应链环境违规的问责。环保组织坚持希望品牌借力中国政府环境信息公开的红利，将环境合规性纳入采购标准，并检索核查供应商的环境表现，推动污染企业采取整改措施，降低电子元器件生产排放的重金属对生态环境的污染。

经过一年半的多方努力，苹果公司终于转变态度，推动污染企业接受环保组织监督下的第三方环境审核，公开整改审核报告，接受公众监督（图6-1）。

2012年，苹果公司主动公开全球Top 200供应商企业的名单，组建中国区供应商责任环境健康安全项目团队，并在每年的供应商责任年报中加入在华供应商环境管理进展。2013年起，苹果公司开始利用公众环境研究中心开发的蔚蓝地图数据库，系统检索和评估其在华供应商的环境违规行为，并利用采购压力推动不合规的供应商企业采取整改措施，管控品牌经营风险的同时，落实企业社会责任。

在苹果公司等IT品牌的推动下，环保组织调研的多家供应商聘请第三方审核公司开展现场环境审核，不但解决生产场地的违规问题，而且促成对历史排放问题的大规模清理。

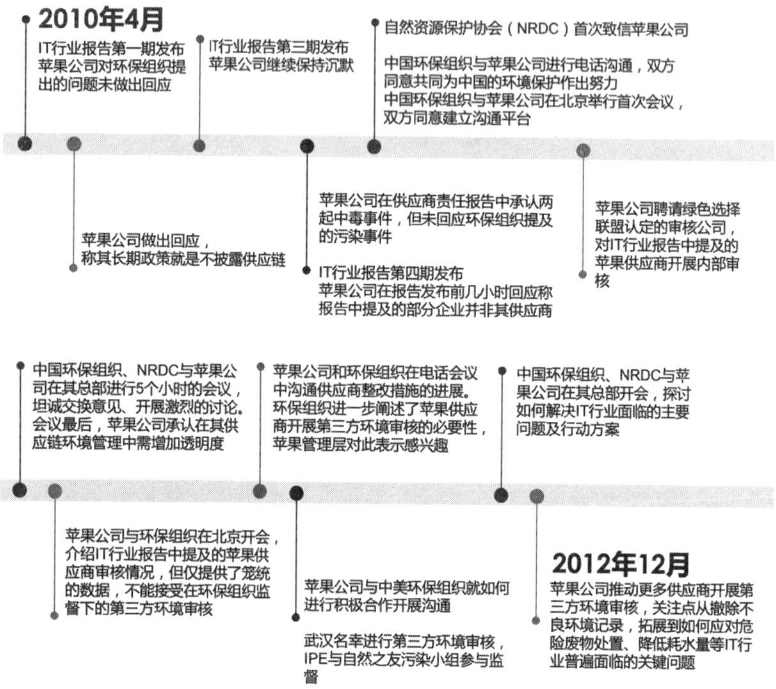

图6-1　环保组织推动苹果公司开展绿色供应链的进程

案例1　名幸电子（武汉）有限公司

名幸电子（武汉）有限公司（以下简称“武汉名幸”）位于湖北省武汉经济技术开发区，成立于2005年8月，是日本株式会社名幸集团在中国最大的生产基地，主要生产多层电路板和高密度互联电路板等。

2011年4月到6月，在当地渔民和志愿者协助下，自然之友武汉小组和公众环境研究中心对武汉名幸电子进行了调研，发现其工厂旁的雨水排水渠和相邻的南太子湖受到严重污染，排水渠底泥中铜的含量明显偏高，而南太子湖与排水渠相连部分的底泥中铜的含量异常偏高。2011年8月31日，环保组织在《苹果的另一面2》中，提出了武汉名幸的废水污染问题。

2012年4月26日，武汉名幸正式接受了环保组织监督下的第三方审核，主要关注武汉名幸通过雨水口进行废水排放，重金属废水污染物超标、超总量排放和南太子湖底泥污染三个问题。

问题一　通过雨水口进行废水排放

a.　审核发现

污水平面图上显示反渗透（RO）水（日产生量约1000吨）是连接到污水处理设施，而实际上是排放到雨水系统：

- 高温高盐的锅炉排水被直接导入雨水系统；
- 在沿二厂房东边的几处雨水井中发现有淡紫色液体；
- 在二厂房东南处的雨水井中发现有两根来自二厂房方向的钢水管，在审核期间没有水从这两根钢管流出，但在此处检查井中发现有淡紫色液体。

这一审核发现说明，武汉名幸曾经存在雨污管网管理不善的问题，RO浓缩水及锅炉排水未经过有效处理，经由雨水口排入南太子湖。

b. 整改情况

第三方环境审核确认，对于通过雨水口排放工业废水问题，武汉名幸采取了以下主要措施：

- 在两个雨水最终排放口安装阀门，切断其直接排放的方式。同时，在两个雨水最终排放口前端新增设一个400立方米的储水池，用于储存初期雨水，以便将其泵回至排水栋进行处理。另一方面，工厂在两个雨水总排口处安装在线监测系统，监测其铜和镍的浓度，确保无超标情况出现。

- 目前工厂有1000立方米的雨水收集池，其中大约一半容积用于反渗透浓水收集使用；雨水改造工程可以支持暴雨期间的雨水收集和应急功能。

- 工艺废水管道由原来的经地下管道传输至排水栋改为经地上管道输送。

- 反渗透回收利用系统建成并投入使用，可以节约20%-30%的生产用水量，同时减少污水排放量。新建锅炉冷凝水收集池，继而将其输送至排水栋进行处理。

- 对全厂范围内的雨水检查井进行了初步的检查确认，拆除封堵了其中存在的非雨水PVC 管之外的所有管道，禁止潜在的工艺废水排入雨水系统。

问题二　重金属等废水污染物超标、超总量排放

a. 审核发现

- 2011 版二期环评中所引用的2010年环境监测结果显示，工厂实际排放的氰化物总量（0.021吨/年）、铜总量（1.6 吨/年）、废水排放总量（12694吨/天）以及生活污水排放中的化学需氧量（COD，70.44吨/年），均超出了相关批准的排放限值。此外，铜的排放浓度（0.5mg/L）也超出了相应的排放限值（0.24mg/L）。

这一审核发现说明，武汉名幸曾经存在废水超标、超总量排放的问题，对废水的受体长江造成污染。

b.　整改情况

审核确认，对于废水污染物超标、超总量排放问题，武汉名幸采取了以下主要措施加以解决。

- 浓度超标问题

（1）调整凝聚剂量以控制铜的浓度，调整后的自测结果显示铜的排放达标。此外，工厂也对工艺用水采取了节水措施，以减少废水总量。另一方面，工厂制定了针对排放量超标时的《一般水处理程序》，根据该程序，若浓度超标，废水将被转回事故槽重新处理。

（2）在最终合流处理系统收集池处监控铜浓度，如发现超出设计处理值，立即加入重金属捕捉剂（此药剂为高效重金属沉淀剂，能将重金属在极短的时间内蓄凝沉淀），确保铜保持在标准范围内，同时监控最终放流结果。

（3）氰化物、总铜和总镍排放的在线监测系统于2012年5月完成调试后投入使用；在各排液处理系统做监控，发现超出设计值时，直接回流再处理。

（4）查看2012年1—4月的记录显示，各类污染物浓度均达标。

（5）工厂提供信息表示微蚀液目前已经可以由工厂污水排水栋自行处理。

- 超总量问题

（1）工厂已建立各类主要污染物实际排放总量的统计和监控系统，包括COD、BOD5、铜、镍等。反渗透水回用系统已投入使用，可节约生产用水20%-30%，同时减少废水排放量。

（2）在目前产量下（达到设计产能的20%-30%），各类污染物排放总量的统计显示可以满足季度污染物排放总量要求（按年度排放总量折算）。

问题三　太子湖底泥污染

a. 审核发现

审核公司针对300米半径内的区域进行污染范围调查，以了解含铜底泥的水平分布以及垂直分布情况，按上中下游三个区域分别设置5个、9个和20个取样点，每个取样点按不同深度各采三个底泥样品，所取样品外送第三方实验室进行含铜量的分析。结果显示，离排水口近的区域为污染严重区域，污染集中在表层10厘米的底泥中以及大部分污染集中在距排水渠100米半径范围内。

b. 整改情况

审核确认，对于南太子湖底泥污染问题，武汉名幸委托审核公司制订污染治理方案，武汉当地的疏浚公司施工。

根据方案，现场设置6个沉淀池，每个池容约为500立方米，铺设土工膜，设计每天使用4个，其余两个轮空备用。现场另设置1个放流池，池容为1000立方米；设置1个脱水机余水处理池，池容为800立方米。

现场按照设计方案安装3套离心式脱水机组，每套设计每天处理量为240立方米，使用两套，一套轮空备用。

由于湖区条件有限以及根据现场实际情况，疏浚方专门设计并建造了一艘简易清淤船+吸泥泵实施该整治项目。

吸泥泵将淤泥抽至泥浆泵，然后由其增加压力送至输泥管，排往淤泥沉淀池。

脱水机机组将沉底池底部的淤泥抽出进行脱水处理，脱出底泥直接装进编织袋，由叉车转运至临时放置场，装袋底泥由第三方有危废资质的处置公司定期清运。

综上所述，在品牌客户的推动下，武汉名幸采取以下整改措施，实现环境合规。

针对污染物总量超标：

- 在最终合流处理系统收集池处监控铜浓度，如发现超出设计处理值，立即加入重金属捕捉剂；
- 建立氰化物、总铜和总镍排放的在线监测系统；
- 在各排液处理系统做监控，发现超出设计值时，直接回流再处理。

针对雨水口排放：

- 为避免污水和雨水管网混搭的情况，将原地下工业废水输送管道改为地上；
- 在两个雨水最终排放口安装阀门，切断其直接排放的方式；
- 在两个雨水最终排放口前端新增设了一个400立方米的储水池，将初期雨水泵回至排水栋进行处理；
- 工厂在两个雨水总排口处新装了在线监测系统，监测其铜和镍的浓度，确保无超标情况出现。

对于南太子湖底泥污染问题：

- 聘用专业机构，制订可行方案，进行认真修复。

案例2　健鼎（无锡）电子有限公司

环保组织在《苹果的另一面2》报告中提及的另一家企业健鼎（无锡）电子有限公司（以下简称“无锡健鼎”），2010年产生了超过112000吨危险废物。

2012年10月16日至17日，环境咨询公司高达在环保组织的监督下，对无锡健鼎开展第三方环境审核，旨在确认企业对环境违规问题的整改，以及危废减排方案的实施情况。

现场审核：

1. 识别了无锡健鼎危险废物主要来源，其中酸碱性蚀刻废液、含铜污泥、电镀废液等产生量最大。

2. 通过确认危险废物产生的基准年和减排目标，2011年度危险废物的种类和数量，以及当年的产能，审核确认无锡健鼎2011年单位面积危废产生量为21.93千克/平方米，2012年工厂计划在年底使单位面积危险废物比2011年降低32%。

3. 确认无锡健鼎为减排危险废物实施的四项主要措施，包括：

（1）降低含铜污泥含水量：2011年含铜污泥的含水量平均值为82%，2012年前九个月的平均值下降为70%；

（2）2012年工厂将硫酸铜液体转化成硫酸铜副产品后出售；

（3）去除酸性蚀刻废液：工厂通过一系列工艺手段将废酸液转变成氧化铜固体后运出工厂；

（4）去除含磷废液：从2012年开始使用一种低磷溶剂替代含磷清洗剂，废溶剂直接进入污水处理站。

这其中减排效果显著的两项措施，包括去除酸性蚀刻废液和结晶转化硫酸铜液体，得益于企业于2012年在其两个工厂建成的资源回收中心。

作为危险废物管理专项审核，无锡健鼎抽取了4家委托处理危废的合同单位，就其环境实践、环境责任和符合性等信息进行了访谈和沟通。

通过现场查阅蔚蓝地图数据库，审核发现接受访谈的四家危险废物处理商均受到过当地环保局的行政处罚。在访谈过程中，相关处理商代表对行政处罚的具体内容以及后续跟进改善措施和计划做出了初步说明。有部分处理商在现场审核后向无锡健鼎提交了书面说明和监管文件。

2012年10月，原环保部等四部委发布的《“十二五”危险废物污染防治规划》指出：“危险废物利用处置设施运营和技术水平不高，存在超标排放现象，涉重金属危险废物利用处置污染问题尤为突出。”危险废物具有的多重危险特性，意味着一旦处置不当，不仅会对生态环境造成难以恢复的损害，而且可能严重危害人体健康。此次专项审核中对危险废物处理商进行的面对面访谈，特别是利用既有的监管记录对处理商的违规问题进行的跟进，是IT品牌与环保组织共同将供应链环境管理向下延伸到危废处理商的首次积极尝试。

案例3 揖斐电电子（北京）有限公司

日本揖斐电株式会社（IBIDEN）是全球最大的印制电路板开发和生产的专业厂家之一。成立于2000年的揖斐电电子（北京）有限公司（以下简称“北京揖斐电”）是其在华的产品制造基地。日本揖斐电电子北京公司位于北京经济技术开发区，有两座厂房，主要生产各种移动电话用多层高密度印制电路板。

2010年6月，北京揖斐电被报道在环保检查中重金属危险废物转移联单不规范，含有重金属污泥的确切去向不明。

2011年8月25日，环保组织致信北京揖斐电，核对在污染地图上的环境监管记录，但没有得到回复。

2011年8月31日，自然之友、公众环境研究中心、达尔问、环友科技和南京绿石五家环保组织共同发布《苹果的另一面2》报告。在《苹果的另一面2》中环保组织提到北京揖斐电的违规问题。

2012年10月，北京揖斐电的品牌客户与公众环境研究中心沟通，双方确认将对北京揖斐电进行第三方合规性审核。同时，公众环境研究中心提出建议针对北京揖斐电的用水管理（包括节水计划及成效）开展专项审核。

基于PCB行业用水量巨大，且北京又是缺水的城市，环保组织特别关注北京揖斐电的用水管理，2012年11月13日至14日，绿色选择现场审核就揖斐电再生水利用和节水计划实施情况进行了较为详细的审计。

审计中发现，北京揖斐电采取了两大类节水方式：（1）采用再生水；（2）提升自身用水效率。

（1）对于再生水的使用

北京经济开发区建立了一个集中性区域再生水厂，由北京博大水务有限公司运作。在审核中发现，北京揖斐电二厂从2010年5月开始使用这家再生水厂的再生水服务，一厂从2011年12月也开始使用。

再生水处理流程图如图6-2。

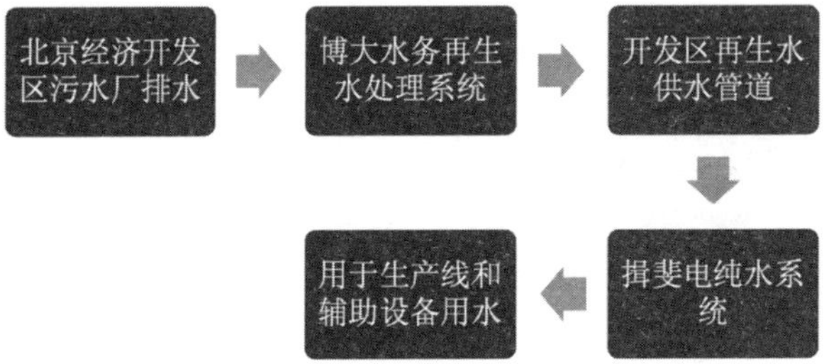

图6-2　再生水处理流程图

审核期间审核员和环保组织参观了再生水厂并验证了再生水厂的处理能力。根据来自再生水厂人员反映，再生水供应能力是20000立方米/天，实际再生水供应量是13000立方米/天。

审核中看到，再生水经过位于一厂和二厂的两座纯水系统处理后用于生产。工厂所有的生产线都已经使用再生水，辅助设备（空调设备系统、锅炉等）也正在改造以便使用再生水。再生水也用于绿化带浇灌和厕所冲洗。而自来水主要用于生活用水（厨房和洗手）。

（2）提升自身用水效率

北京揖斐电于2012年设置的节水计划如表6-1所示。

表6-1　2012年节水计划

	节水计划
一厂	■ 纯水系统树脂塔使用再生水，延长树脂塔通水时间以减少再生水的消耗量。 ■ 锅炉用水改为再生水。 ■ 固定研磨台水龙头，减少水用量。 ■ 空调用水使用再生水替换自来水。
二厂	■ 停用纯水系统最后一个树脂塔，减少再生水消耗。 ■ 水处理时减少使用固体氢氧化钙，以减少配置溶液时水用量。 ■ 锅炉用水改为再生水。 ■ 空调用水使用再生水替换自来水。 ■ 水处理污泥槽、脱水机冲洗使用再生水。 ■ 酸碱中和处理时使用废酸。 ■ 使用挤水滚轮减少半蚀刻PCB板带出水量。 ■ 砂滤塔逆洗水回收再利用。 ■ 研磨工序清洗水回收利用。

审阅显示，北京揖斐电2012年的自来水、回收水和再生水消耗量占工业用水总消耗量的比率如表6-2所示。

表6-2　2012年水耗

%	一厂		二厂	
	2011	2012	2011	2012
自来水消耗量/总消耗量	44%	7%	2%	2.40%
回收水消耗量/总消耗量	56%	56%	43%	48.10%
再生水消耗量/总消耗量	0%	37%	55%	49.50%

综上，北京揖斐电在品牌客户的推动下，通过在工艺流程中用优质再生水替代自来水，制订和实施节水计划，提高用水效率，大幅度降低对当地水资源的影响。

第二节　纺织产业供应链绿色转型

继通过调研撬动IT行业的品牌企业关注在华供应链环境污染，通过绿色采购推动共饮概念绿色转型后，环保组织于2012年开始将污染调研的重点转向纺织行业。

作为世界最大的纺织品加工国和出口国，2016年中国的纺织纤维加工量超过全球总量的1/2，纺织品出口额占全球总量的38%。但海关数据显示，2015年和2016年中国纺织品服装出口额自金融危机之后首次出现负增长，且降幅逐年放大。由于劳动力成本逐年增加，中国在劳动力密集的成衣加工产业优势不再。德勤发布的《2016全球制造业竞争力指数》显示，中国劳动力成本在2005—2015年的十年间上涨了5倍，已远远超过印度、越南、马来西亚、印度尼西亚等国（图6-4）。同时，发达国家的“再工业化”和发展中国家加快推进的工业化进程使得过去以“中国制造”为主的全球纺织产业与贸易格局发生新的变化。

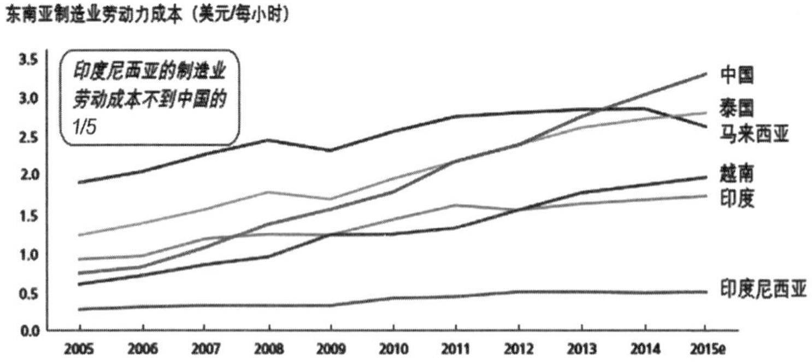

图6-4　中国及东南亚各国劳动力成本

注：e表示估计

资料来源：德勤根据经济学人智库的数据分析

值得一提的是，伴随着成衣加工环节的撤出，以印染、整理为主的纺织原材料加工出口却在稳步增长。中国的印染整理企业拥有丰富的经验，产业集群度高，产业链高效完备且有棉花等原材料出产等多重优势。另一方面，由于染整属于资本密集型产业，大型染整基地的建设投资成本高，因此中国相对其他纺织业加工出口国具有比较优势。预期在未来相当长的一段时间，染整环节的出口加工仍将集中在中国。

成衣加工的转出，与染整工艺继续集中在中国，意味着在污染设施和环境管理体系不到位的情况下，纺织染整行业将可能持续对在地生态环境产生负面的影响。

相较于成衣加工，染整工序能耗和水耗大，“湿法处理”工艺（包括染色、清洗、印花和织物整理）还需要使用染料和助剂，涉及上千种化学物质（图6-5）。因此纺织行业是中国水污染的主要贡献来源之一，而染整废水的排放量占整个纺织业废水排放总量的80%，化学品消耗占65%。

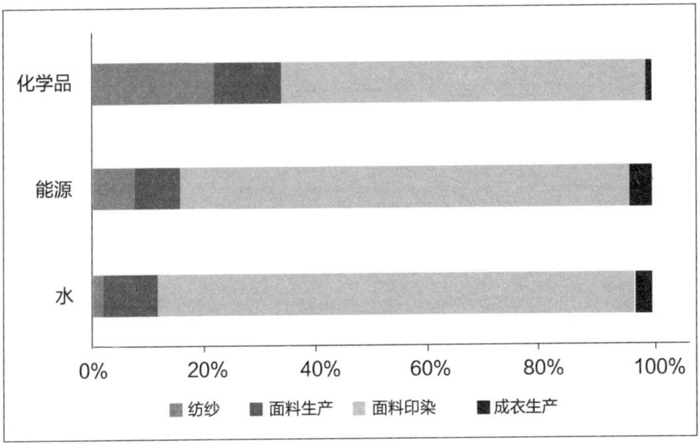

图6-5　纺织品生产环节对水资源、能源以及化学品的消耗情况

2011—2015年的环境调查统计数据显示（表6-3），纺织废水及其中的COD和氨氮排放量虽然持续下降，但纺织业的污染贡献率在全国重点行业中仍居高不下。印染行业高度密集的杭州湾地区、太湖流域部分地区以及珠江口和珠三角部分地区，水污染形势依然严峻，污染物排放总量超过了环境承载力。

为此，原环保部制定并出台了《纺织染整工业水污染物排放标准》（GB 4287-2012），大幅收紧了化学需氧量（COD）、五日生化需氧量（BOD_5）等一般性污染物指标和苯胺类等特征污染物指标的排放限值，并首次设定了总磷、总氮、AOX（可吸附有机卤素）等污染物的排放标准。

表6-3 2011-2015年全国重点调查纺织业废水排放量年际对比

年份	工业废水排放量		COD排放量		氨氮排放量	
	纺织业/亿吨	占全国比例%	纺织业/万吨	占全国比例%	纺织业/万吨	占全国比例%
2011	24.1	11.3	29.2	9.1	2.0	7.7
2012	23.7	11.7	27.7	9.1	1.9	8.0
2013	21.5	11.2	25.4	8.9	1.8	8.0
2014	19.6	10.5	23.9	8.7	1.7	8.0
2015	18.4	10.1	20.6	8.1	1.5	7.5

资料来源：表中数据分别来源于2011、2012、2013、2014、2015年《中国环境统计年报》。

然而印染废水的集中处理依然存在严重问题。工业废水集中处理旨在缓解企业预处理的压力，并通过集中监管降低工业生产给在地生态环境带来的负荷。但环保组织绿色江南2016年的调研显示，江苏省国控污水处理厂在每年规模增长的同时，综合达标率却逐年下降。2015年四个季度，污水处理厂占超标企业的频次比例平均高达65%，不少污水处理厂已成为环境违法“专业户”，污染程度不亚于其他高污染行业。2017年6月原环保部发布的第一季度排放严重超标的国控企业中，22家为污水处理厂，占比高达55%，而这其中不乏接收和集中处理工业废水的污水厂。

在纺织产品全球采购、生产过程层层外包的情况下，供应链的环境管理已经成为纺织品牌环境责任中不可或缺的组成部分。因此，以销售服装成衣为主要获利方式的品牌公司，对于其供应链的环境合法、合规，以及环境治理绩效的提升，负有不可推卸的监督管理责任。

面对环保组织的调研和问责，多数纺织品牌公开承认其对于供应链环境合规的责任，表示品牌会对其产品在生产制造过程中可能产生的环境危害进行预判，并划分环境危害风险等级。对于环境危害风险高的产品以及制造商，在确立商业采购关系和实施采购行为时，以产品的生态合规和制造企业的环境合规为先决条件。

在此基础上，环保组织建议品牌利用中国政府公开环境信息的红利，积极主动地了解并掌握自身供应链的真实环境合规现状，包括：

（1）以产品生命周期为主线，确认生产企业与品牌的直接或间接供应关系；

（2）识别和研究在这种供应关系中具有绝对影响力的利益相关者和与其对应的影响机制；

（3）分析这种以环境合规为最基本目标的影响机制，在供应商方面能够产生实际效用的可能性。

就纺织行业而言，成衣的裁剪和缝制过程对于环境的危害影响因素相对较小；而对于环境存在重大危害的，往往存在于服装品牌的供应链纵深处。从成品供应商到材料供应商，以及更进一步的供应链纵深（如原纤维的产地和粗加工）的环境管理，以及这种管理措施对于预防和改善污染、能源消耗、生物多样性等环境议题所产生的实际效果，体现了品牌供应链环境管理的高绩效。

此外，环保组织建议品牌从以下两个维度向纵深延伸环境管理：

（1）一级管一级：品牌首先推动自己的一级供应商对二级供应商检索违规记录，并开展整改；在此基础上通过自身对一级供应商环境绩效上所做出的引导和扶持，逐步将这种供应链环境管理的理念引入一级供应商的管理政策中，使一级供应商理解并认可这种环境管理政策，从而有意愿对二级供应商的环境违规记录进行检索，并推动整改。当二级供应商也逐步建立起完善的供应链管理系统后，形成对三级供应商的一个影响力。如此逐级深入，纵向延伸，最终达到层级覆盖整个供应链。

（2）对重污染环节的重点管控：从产品的完整生命周期来识别高污染环节，进而利用自身对供应链的影响力，强化对这些环节材料供应商的环境管理。通过逐级管理和重污染环节管控，纺织品牌有可能逐步展开对整个供应链条环境风险的认识和管控，向真正的绿色采购和生产迈进。

在环保组织针对纺织行业供应链环境污染调研的推动下，部分品牌开始积极关注供应链的环境表现。

作为最早回应环保组织问责的品牌之一，耐克在回复中写道："我们（耐克公司）支持公众环境研究中心（IPE）和相关中国环保组织推动中国企业环境和社会责任的工作……耐克公司不仅仅自己在使用IPE所收集的公共信息数据库，还要求在华供应链伙伴自己关注自己的环境行为，在需要的情况下，还要求公布整改计划。"

2011年6月，耐克委托第三方咨询公司对供应商凯大综合纺织（苏州）有限公司（以下简称"凯大纺织"）进行废水管理控制审核，自然之友上海小组代表和公众环境研究中心代表参与监督审核过程。2011年4月22日，环保组织接获太仓居民举报，称凯大纺织"一直偷排印染废水，严重污染周边环境"，且因当地环保部门"执法不彻底，并无多大改善，老百姓深受其害"。

蔚蓝地图数据库收录的数据也显示，凯大纺织曾在2009年9月违规私设暗管，向小河中直接排放废水。2010年，凯大纺织被太仓市环保局评为环境信用“黄色”企业。2011年3月，凯大纺织再次将未处理的印染废水通过雨水管流入小河。

环保组织将居民投诉与企业违规记录一同转予凯大纺织的客户耐克，品牌回复表示将跟进此事，并明确表示将推动凯大纺织进行整改。

根据审核现场文件查阅和人员访谈，企业违规事件的直接原因是位于厂区东部厂房二楼西侧的印花部洗网台后壁有机玻璃破裂，导致洗网废水通过排水管流入位于一层的厕所下水道及与其连接的化粪池中。后因化粪池中污水溢流和通过土壤渗漏至附近的雨水井内，最后通过雨水管网排入厂区南侧小河。审核过程中确认企业针对以上严重违规问题做出了整改。在客户企业耐克的推动下，凯大纺织提升了环境表现，加强了环境管理。

除耐克外，总部位于香港的衬衫制造商溢达集团，也将公众环境研究中心开发的蔚蓝地图数据库作为供应商环境管理的工具，对其超过一万家的在华供应商开展环境合规检索，告知存在违规记录的供应商在规定时间内完成整改，否则停止订单。

以溢达的供应商企业南通衣依衬布有限公司为例。第三方现场审核显示，该企业COD排放量高于总量控制的目标，而COD排放量高主要是因为其生产的一种衬布产品耗水量大，排放浓度高。认识到为污染重而附加值低的产品扩建昂贵的末端治理设施在经济上不可行，同时又面对溢达集团要求环境达标的压力，南通衣依着手开发耗水较少、污染较低的产品来替换旧的产品线，同时在工艺流程中引入循环用水，将单位用水效率提升1/3以上，同时满足COD总量控制目标。

南通衣依还因主动开展节能减排并通过ISO 14000认证，获得政府奖励43万元，部分抵消了企业为治污投入的140万元资金。经企业测算，通过技术改造，每年可节约水费约12万元，节约能源费用约30万元，可在较短时间收回治污成本，并通过新型环保产品的开发，巩固市场竞争力。

此外，在环保组织的调研和推动下，多家纺织品牌还实现行业合力推动。

环保组织纺织3期报告中写到的集美印染，是当地运行着大型印染集群的三元控股集团有限公司（以下简称三元集团）的子公司，自新标准执行以来，浙江省重点污染源监督性监测季报显示其排放口多项污染物浓度超过新标准要求限值，通过案头调研，发现三元集团旗下的10家印染子公司①存在同样的问题。

三元集团位于浙江省杭州市萧山区党湾镇，旗下的10家印染子公司统一纳管排入萧山污水处理有限公司（党湾厂）（以下简称党湾污水厂），处理后的废水排入临江污水处理厂，处理后排入钱塘江，如图6-6所示。

---

① 天宇印染、三印染整、天成印染、新生印染、欣元印染、华仑印染、集美印染、集锦印染、天瑞印染、三元纺织。

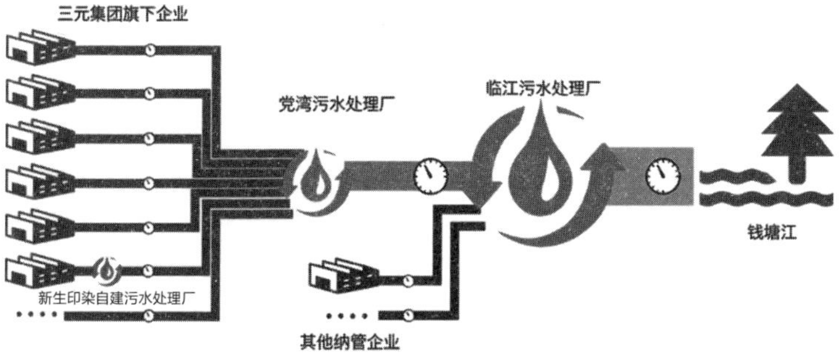

图6–6　三元集团污水排放流程图

2014年3月10日，三元集团下属多家印染厂参加了中纺联和印染协会组织的与NGO的首次利益方沟通会议。但当时企业只是强调废水属于间接排放，责任应该由污水厂承担。在品牌绿色选择的推动下，三元集团与环保组织取得联系，2014年8月12日，三元集团与公众环境研究中心进行了面对面的沟通，探讨解决方案，并在9月24日，邀请公众环境研究中心与绿色江南公众环境关注中心进行实地调研。

其后，在优衣库、GAP等品牌不断的绿色采购推动下，三元集团经历了从撇清责任到主动承担责任的转变。鉴于直接解决旗下所有印染厂的间接排放超标问题非常困难，三元集团另辟蹊径，尝试通过租用党湾污水厂，将其用作子公司的预处理设施。与此同时，三元集团向环保组织公开承诺对党湾污水厂进行整治提升，做到达标排放。

实地调研中看到，三元集团已完成对党湾污水厂租用，正在筹备对党湾污水厂进行升级改造。同时，根据三元纺织的介绍，为减轻党湾污水厂的负担，旗下10家印染厂也在建造内部污水处理工程，对企业印染废水进入污水厂之前进行预处理。公众环境研究中心和绿色江南受邀走访了其中几个较大项目：新生印染已建成并投入使用5000吨/日污水处理及中水回用设施；集美印染、天宇印染在建8500吨/日污水处理及中水回用工程；天瑞印染在建2500吨/日污水处理及中水回用工程；三元纺织在建6000吨/日污水处理及中水回用工程（图6-7、图6-8）。

图6-7　三元集团4家子公司自建或自有污水处理设施

图6-8　党湾污水处理厂各企业废水进水管道

面对旗下印染厂反复超标的困境，三元集团大胆尝试，租下党湾污水厂，作为集中预处理设施，并公开承诺承担起党湾污水厂的达标责任，这无疑是对创造性解决方案的有益探索。

第三节　供应链绿色转型路线图

尽管环保组织利用环境信息公开撬动IT和纺织产业开始关注供应链的环境问题，但大多数国内外企业尚未将企业对社会和环境的责任延伸到供应链。在国务院和各部委出台利好政策，拓宽不同利益方参与和推动绿色供应链的背景下，公众环境研究中心与美国环保组织自然资源保护协会（NRDC）合作开发了全球首个基于品牌企业在华供应链环境管理表现的量化评价体系——绿色供应链CITI指数（Corporate Information Transparency Index），引导供应链上下游的参与者循序渐进地参与绿色转型，最终迈向绿色供应链的最佳实践。

为制定绿色供应链CITI指数，公众环境研究中心和自然资源保护协会（NRDC）对多个全球性的可持续发展指标体系开展了详尽的调研，发现其中鲜有涉及供应链环境管理。

以全球报告倡议组织（Global Reporting Initiative，GRI）为例，自2007年成立以来，GRI一直致力于推动企业公开可持续发展相关的信息。2013年5月，GRI发布的第四版准则（GRI G4）首次推出三个特定主题准则，分别涵盖经济（GRI200）、环境（GRI300）和社会（GRI400）三个方面。其中，有关环境的特定准则单设一项“供应商环境评估”（GRI308），该指标的生效日期为2018年7月1日，但GRI鼓励企业提早在报告书中披露以下信息，以向利益相关方说明企业对供应链中重大实际或潜在负面环境冲击的认知：

- 308-1 采用环境标准筛选新供应商：使用环境标准筛选新供应商的百分比。

- 供应链对环境的负面冲击，以及所采取的行动：

a. 已进行环境冲击评估之供应商数量。

b. 已鉴别对环境具有重大实际或潜在负面冲击的供应商数量。

c. 供应链中经鉴别但有重大实际或潜在负面的环境冲击。

d. 已鉴别对环境具有重大实际或潜在负面冲击的供应商中，有多少比例的供应商经评估后已有所改善。

e. 已鉴别对环境具有重大实际或潜在负面冲击的供应商中，有多少比例的供应商经评估后终止合作关系以及终止的原因。

此外，GRI还建议企业在与供应商建立新关系的过程中尽早开始尽职调查，以预防与减轻供应链中环境的负面冲击，包括由组织引起，或因活动、产品或服务与其供应商的关系直接关联所造成的冲击。

尽管如此，供应商环境评估的相关指标在GRI体系的占比依旧较小。另外，其自愿性的属性意味着企业可以选择不披露相关信息，不利于引导企业关注供应链环境负荷。

相比之下，道琼斯可持续发展指数（Dow Jones Sustainability Indices，DJSI）作为全球最重要的企业可持续发展能力评价指标体系之一，每年评价全球80—120个行业超过3400家企业。DJSI从经济、社会及环境三个方面，以投资角度评价企业可持续发展的能力，旨在为投资者提供将可持续性纳入投资考虑的基准，同时也为希望采取最佳可持续案例的公司提供有效的参与平台。

DJSI的评价基于RobecoSAM开发的Corporate Sustainability

Assessment（CSA）问卷。针对不同行业，CSA问卷涵盖一般性和行业特征性问题，针对企业是否识别、应对并披露与经营相关的经济、环境和社会因素开展评价。RobecoSAM网站上提供的样本调查问卷显示，CSA主要关注的供应链环境影响问题包括：

- 是否公开发布供应商行为准则，其中涵盖供应商生产工艺、产品和服务应遵守的环境标准；
- 是否针对一级供应商和重要的非一级供应商开展可持续发展风险评估，品牌如何定义可持续发展高风险；
- 如何采取行动，应对核心供应商的可持续发展风险；
- 如何将环境、社会和治理（ESG）因素纳入供应商筛选过程；
- 如何公开供应链管理过程中的与可持续发展相关的关键绩效指标（KPI）。

尽管DJSI通过将供应商的可持续发展风险纳入投资评价，引导企业和投资者关注供应链的环境影响，但其评价受限于大型跨国企业的核心供应商，对于引导企业关注发展中国家中小型供应商的环境表现的作用有限。

与全球报告倡议组织（GRI）和道琼斯可持续发展指数（DJSI）不同，绿色供应链CITI指数的评价指标涵盖透明与沟通、合规性与整改行动、延伸绿色供应链、节能减排和责任披露5个方面，以路线图的形式引导品牌由浅入深地完善供应链环境管理，最终迈向绿色供应链的最佳实践（图6-10）。

除了协助品牌企业健全供应链管理，推动实质性改善，降低生产过程的足迹，CITI指数还注重引导公众了解品牌的绿色生产和采购表现，通过选择供应链环境表现更好的品牌，倒逼品牌企业绿化其在华供应链。

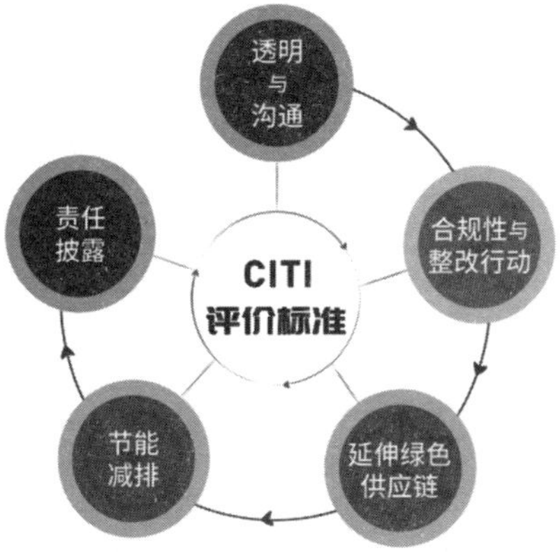

图6-9　绿色供应链CITI指数评价指标

绿色供应链CITI指数的评价指标（详见附录）如下：

- 指标1.1 公众问责与沟通

品牌对其供应商出现环境违规如何回应？

- 评价方法

环保组织通过现场调研及收集公开信息，识别供应链中的环境负荷和污染问题，通过公开渠道与品牌就疑似供应商的环境违规情况沟通，公众环境研究中心依据品牌的回复情况进行评价（图6-11）。

图6-10　品牌回应疑似供应商环境违规的程度

- 良好案例

2016年，环保组织绿色江南和公众环境研究中心在调研中发现，位于昆山经济技术开发区的昆山六丰机械工业有限公司因无组织臭气超标，被昆山市环保局处罚。依据全国企业信用信息公示系统，该企业主要从事汽、机车零配件，铝合金车轮圈，模具，省电器及镁、铝、锌等有色金属冲压铸件等相关产品的生产；其股东为台湾丰田通商股份有限公司（丰田通商株式会社持有74.6%的股份）、丰田通商株式会社和六和机械投资（中国）有限公司（股东为六和投资股份有限公司），隶属于六和机械股份有限公司（以下简称“六和公司”）的轻合金事业群。对该企业的供应关系进行调研显示，包括丰田、本田、福特、尼桑、现代、三菱在内的多个汽车品牌均是其轮圈产品的采购客户。

针对六丰机械的废气扰民问题，绿色江南于2016年7月22日第一次致信丰田汽车（中国）投资有限公司（以下简称“丰田中国”），告知其疑似供应商存在的环境问题；8月1日，绿色江南致电丰田中国，得知由于所寄信件未写明收件部门，故被拒收；绿色江南重新将信函快递至丰田中国社会责任部门；8日，绿色江南再次致电，丰田中国确认已收到信件，承诺将对此开展详细调查。此后，丰田中国与环保组织进行了多次会议和电话沟通，自2017年下半年起开始使用蔚蓝地图数据库，检索其在华供应商的环境合规表现，并持续跟进违规供应商的改进措施，也成为汽车行业首个推动绿色供应链的品牌（图6-11）。

图6-11　丰田从漠视到积极管理供应商环境表现

- 指标1.2 推动透明供应链

品牌如何向公众公开在华供应链信息？

- 评价方法

公众环境研究中心收集品牌企业公开的供应商名单，依据公开程度进行评价。

- 良好案例

随着越来越多的纺织、皮革和IT行业品牌开始公开供应商名单，透明公开成为供应链管理的大趋势。不仅如此，以西班牙品牌ZARA的集团公司Inditex为首的品牌，已经开始公开品牌在全球使用的湿法工艺工厂，涉及供应链上环境影响更高的环节。松下公司也在2017年公开了部分在华企业使用的环境污染第三方治理企业名单，接受社会监督其环境合规表现。

C&A、G-Star、H&M、马莎百货、耐克除定期更新在华供应商名单，涵盖直接和间接供应商工厂外，还通过供应商地图等形式提升用户友好度，接受公众监督。

2018年初，公众环境研究中心联合自然资源保护协会共同发布了绿色供应链地图。该地图将品牌的供应商名单与废气和废水在线监测等公开的环境数据进行关联，旨在展示领先品牌对透明供应链和环境管理的承诺，为自愿加入的领先品牌提供透明化呈现监督和提升供应链环境表现行动的平台。

绿色供应链地图允许用户按品牌logo进行筛选，查看和了解各品牌的供应链环境表现。用户也可使用筛选功能查看各品牌供应商企业披露的各类数据，包括实时排放数据、相关整改措施与反馈，以及年度污染物排放和资源使用数据。因此，该地图同样有助于消费者了解品牌为减轻供应链环境影响所做的努力，通过引导消费者选择，倒逼品牌进一步提升供应链透明度。

- 指标2.1 建立供应商检索机制

品牌是否建立供应商检索机制来识别供应链环境风险，并告知问题供应商存在环境违规？

- 评价方法

公众环境研究中心收集品牌企业发布的供应商行为准则等公开要求供应商环境合规的文件。

公众环境研究中心自2006年起建立的蔚蓝地图数据库，全面收录31个省、337个地级市政府发布的环境质量、污染源监管记录以及企业基于相关法规和企业社会责任要求强制或自愿披露的数据，公众环境研究中心推动跨国采购品牌利用网站端和／或手机APP端的蔚蓝地图数据库（图6-12），识别其供应链是否存在环境违规，建立供应商环境合规表现检索机制；范围涵盖潜在供应商，并将环境合规作为潜在供应商准入条件。

图6-12　蔚蓝地图网站企业表现检索页面

- 良好案例

2014年以来，戴尔将供应链环境表现与采购战略紧密结合。在对供应商环境合规管理中，戴尔利用蔚蓝地图数据库排查环保违规企业，将订单与企业的环保表现挂钩。设置供应商环保准入制度，对于存在环境问题的工厂，拒绝其进入戴尔供应商名单。为进一步延伸供应链管理，戴尔还将对上游供应商的检索和推动整改等跟进工作纳入供应商季度绩效考核指标。对于上游供应商管理没有达到戴尔要求的直接供应商，戴尔将降低其对应直接供应商采购额度，以促使直接供应商积极推进管理上游供应商的环境表现。

日立公司是日本品牌中较早利用蔚蓝地图数据库开展供应商违规

记录检索的品牌（图6-13）。与多数日本品牌类似，日立公司的采购也是由旗下的不同事业部分别进行的。早期日立公司的供应商检索工作由日本总部的采购部门直接管控，但一个部门面对多个事业部的人力限制，加之无法准确及时获取各个事业部的供应商最新变动情况，导致耗时大而效果不理想。2014年10月，日立召开绿色采购委员会，决定将供应商违规记录的检索工作从日本总部采购部门管理转变为日立（中国）国际采购部总协调，由该部门定期整理公众环境研究中心新增数据信息并发送给其中国集团事业部。旗下各事业部完成自有供应商的检索，督促其进行整改和信息公开，并将进展反馈给日立（中国）国际采购部，最后汇总给日本总部的采购部门。这一模式既减少层级间的沟通成本、提高效率，也能对违规供应商改善其环境行为产生更大的促进力。

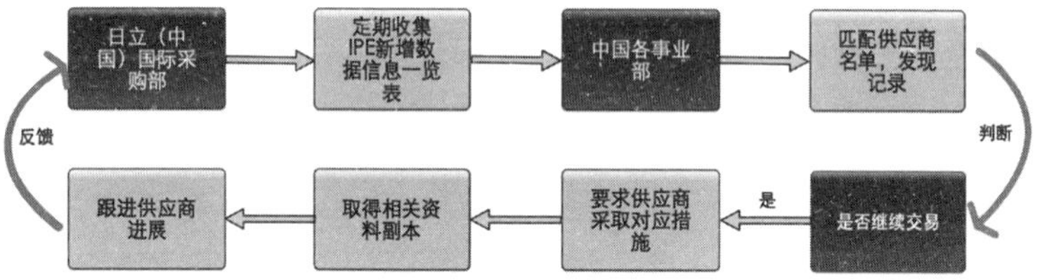

图6-13　日立供应商环境违规检索机制流程

- 指标2.2 推动供应商整改并公开说明

品牌是否推动问题供应商就环境违规做出整改，并公开说明？

- 评价方法

供应商的超标违规行为，对公众环境和附近社区居民的健康带来潜在或实际的影响。在全球供应链中占有优势地位，通过代工生产的跨国品牌，需要推动在华供应商采取整改措施，提升环境表现，实现环境合规。同时通过公众环境研究中心网站或其他公开渠道，就记录产生的原因及整改达标情况向公众公开说明，需要公开的文件可以涵盖但不限于：

（1）违规原因：环保部门出具的行政处罚决定书、企业对记录产生原因的解释说明；

（2）采取的整改措施：企业出具的整改措施说明文件、环保部门出具的整改完成证明文件；

（3）污染治理设施的现状及应急预案等管理情况：在线监测数据、环保部门监测报告、第三方检测报告。

这些信息的公开有助于品牌客户、投资机构、公众和媒体等各利益方获取企业环境合规表现的更新，持续推动企业提升污染控制水平，降低环境负荷。

企业还可以通过绿色选择GCA审核方式证明整改完毕，能够做到达标排放，将环境监管记录从蔚蓝地图数据库中撤除，所有文件和现场审核报告和结论均通过公众环境研究中心网站向公众公开。根据企业环境监管记录的年份与具体违规事项，记录撤除分为第三方非现场文件审阅和现场审核，详见《企业环境监管记录处理方式》（http://www.ipe.org.cn/GreenSupplyChain/SupplyGCA.aspx）。

此外，跨国采购企业还应该要求完成整改的供应商持续公开发布年度能源与气候变化数据和污染物排放转移数据，或推动在线监测数据公开，持续接受公众监督。公众环境研究中心依据品牌推动违规供应商整改及公开说明的情况进行评价（图6–14）。

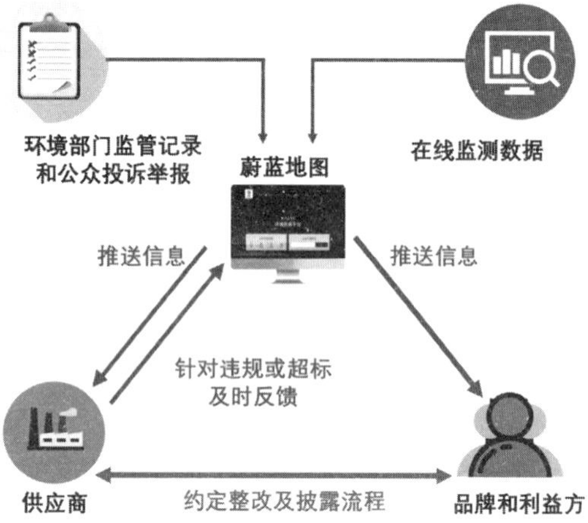

图6-14　品牌企业、供应商企业和环保组织共同推动供应链环境合规

- 良好案例

因活性炭吸附效果不稳定、废气中非甲烷总烃浓度超标，常州依索沃尔塔合成材料有限公司（以下简称Isovolta）在2014年、2015年两年连续被评为黄色企业。在进行技术改造之前，该企业在进行柔性复合绝缘材料生产过程中，产生的挥发性有机废气采用传统的活性炭吸附方式进行处理。然而该处理方式存在活性炭吸附处理稳定性较低，处理高浓度有机废气效率不高，废活性炭难处置等弊端。在国家对挥发性有机物排放总量等要求日趋严控的趋势之下，Isovolta于2015年5月投资1200万元人民币对废气处理设施进行了提升改造，将原有的活性炭处理废气改为蓄热式焚烧炉（Regenerative Thermal Oxidizers, RTO）。RTO的废气处理效率高达97%以上，增加废气捕集装置，有机废气处理效率高达99%，同时减少废活性炭处理量8吨/年。在品牌

客户东芝的推动下，Isovolta积极与IPE进行沟通，于2016年5月通过GCA现场审核撤除环境违规记录，验证整改切实有效。

除降低污染物排放外，RTO亦有其经济效益。RTO可以进行高效的热回收，当废气浓度达到设定值时，设备保持“自维持”模式，将不需要天然气进行加热，废气浓度更高时能将焚烧废气产生的热能用于加热工艺过程，蒸气，办公用热等，Isovolta将其利用于加热导热油及蒸气发生器。

- 指标2.3 废水负责任处理

品牌是否能够识别供应商的废水处理与排放路径，并将环境管理延伸到污水集中处理设施?

– 评价方法

2016年开始的中央环保督察发现，18家上海市城镇污水处理厂出水重金属超标，其中6家长期超标。面对强力问责，污水厂指出“病灶”是纳管企业无证排污、超标排污，而两家大型电子厂由此将面临关闭。

因此，参与跨国采购的品牌企业应将供应链环境风险管理的责任延伸至供应商使用的集中污水处理设施：

- 依据水污染物总量和类别对供应商进行分类管理，识别并推动水污染高风险供应商公开说明其排入的污水集中处理设施的名称，以及其与污水集中处理设施之间约定的排放标准；

- 推动水污染高风险供应商公开说明其排入污水集中处理设施排放口的废水监测数据（如在线监测、第三方委托检测数据）；

- 将污水集中处理设施纳入检索范围，开展季度或更频繁的检索，对检索结果作出说明；并推动供应商告知存在环境违规的污水集中处理设施采取整改措施，同时推动污水集中处理设施整改，进行信息公开或撤除违规记录，至少每季度与利益方沟通推动进展。

公众环境研究中心对依据品牌推动违规供应商整改及公开说明的情况进行评价。

- 良好案例

越来越多的品牌开始依据水污染物总量和类别对供应商进行分类管理。其中，佳能将废水处理经营许可、废水排放基准遵守情况纳入品牌制定的“电镀加工企业评价表”，并将电镀供应商纳管排放的集中污水处理设施纳入环境合规检索范围。苹果、戴尔、溢达、马莎百货、松下、沃尔玛等品牌也对供应商的集中污水处理设施进行季度或更频繁的检索，并推动供应商告知存在环境违规的污水集中处理设施采取整改措施。Levi's、爱立信分别推动一家污水集中处理设施就环境监管记录进行整改，并通过文件或现场审核的形式验证整改成效。此外，蒙牛、中顺洁柔等品牌通过品牌网站向公众公开下属企业的废水在线监测数据，接受公众监督。

此外，纺织品牌还合力推动供应商企业实现废水合规排放。

杭州航民达美染整有限公司（以下简称“航民达美”）是浙江航民集团旗下的一家纺织染整企业，为多家国内外知名品牌供货。因2013年至2015年在浙江省重点污染源监测中多次废水超标，被收录到蔚蓝地图数据库。2016年7月，在客户马莎百货的推动下，航民达美开展了绿色选择GCA现场审核，现场审核看到航民达美正在沿着“三元模式”进行整改（图6-15）。

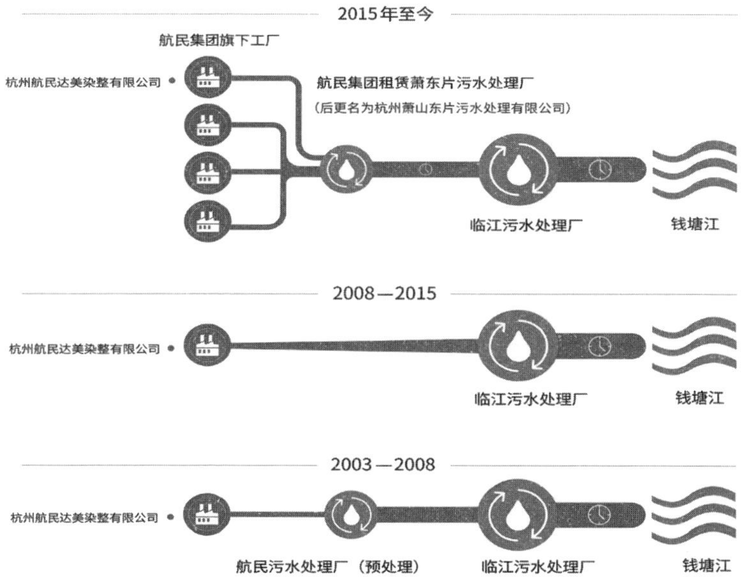

图6-15　2003年至今杭州航民达美染整有限公司排水示意图

2003年至2008年，工厂废水经航民污水处理厂预处理后，经市政管网排入萧山临江污水处理厂再排至钱塘江。2008年开始，航民集团拆除了航民污水处理厂，工厂废水经市政管网直接排向至萧山临江污水处理厂再排至钱塘江。2014年6月，航民达美租赁萧东片污水处理厂作为预处理设施，并对其进行了提标改造，同样用于接收航民集团旗下的四家工厂废水。航民东片污水处理厂在最终排口装有废水排放量、COD、氨氮、pH、总氮、总磷在线监控和刷卡排污系统，出水达到《纺织染整工业水污染物排放标准》（GB4287-2012）表2间接排放标准后，通过市政管网排放至萧山临江污水处理厂进行进一步处理，最终排入钱塘江。当前浙江省监督性监测及企业自行监测信息公开平台均显示达标排放。

- 指标3.1识别并管理供应链中环境影响较高的供应商

品牌是否对环境影响较高的供应商进行识别，检索其合规性，并推动问题供应商对环境违规做出公开说明？

- 评价方法

与品牌直接签订采购合同的一级供应商通常不涉及工业废水和废气产生，因此品牌应将环境管理的责任延伸至供应链上游环境影响更高的环节，依据环境影响对供应商进行分类管理，识别环境影响较高的供应商，并公开要求环境合规。品牌应将环境影响较高的供应商纳入环境合规检索范围，推动存在环境违规的供应商采取整改措施，并进行公开说明。

尽管不同行业的产污环节不同，但原材料加工环节和危险废物处理环节的污染物排放量大、环境负荷高（表6-4）。

表6-4　部分行业供应链环境影响更高的环节

行业	环境影响更高的供应链环节
IT	电路板、外壳、连接器、电阻电容、电池、玻璃和金属的加工； 危险废物处理处置
纺织	面料（含染整、水洗、后整理工艺）和染料助剂的加工； 危险废物处理处置
食品饮料	果汁饮料、乳制品、食品、包材、糖和添加剂的加工；

（续表）

行业	环境影响更高的供应链环节
日化	洗涤品、化妆品制造、包材和化学原料的加工；危险废物处理处置
纸	纸、包材、纸浆和化学原料的加工；危险废物处理处置
汽车	发动机、零部件、轮胎、钢铁和橡胶的加工；危险废物处理处置
皮革	皮革和原皮的加工；危险废物处理处置
酒	酒精和包材的加工

以电子行业的电路板制造为例，主要工艺环节产生的危险废物就包括：废滤芯（HW12）、干膜渣（HW12）、废树脂版（HW13）、废油墨及沾油墨废弃物（HW12）、废卤化银（HW17）、含镍废液（HW17）、硝槽废液（HW17）、硫酸亚锡废液（HW17）、剥锡废液（HW17）、含钯废液（HW17）、回收镍金块（HW17）、回收镍渣（HW17）、镀铜槽渣（HW17）、回收硫酸铜结晶（HW22）、含金树脂（HW33）、废清洗溶剂（HW42）、硝酸铜废液（HW22）、蚀刻废液（HW22）和含铜污泥（HW22）。

2017年全国人民代表大会常务委员会执法检查组关于检查《中华人民共和国固体废物污染环境防治法》实施情况的报告显示，目前中国危险废物领域的主要问题包括：

（1）危险废物底数不清。目前全国危险废物集中处置设施平均负荷率不到60%，每年有超过一半以上危险废物由产生单位自行利用处置，大部分游离于监管之外。不少地方反映尚不能全面准确掌握企业产生的危险废物类别、数量，直接影响了危险废物污染防治工作的针对性和有效性。

（2）现有危险废物管理制度不完善。危险废物鉴别缺乏统一管理，鉴别程序和鉴别机构不够规范，危险废物鉴别难、取证成本高；危险废物分级分类管理制度尚未建立，难以按照环境风险控制原则提出豁免管理、排除管理等分类管理要求，降低社会治理成本；危险废物转移和运输管理制度不完善，相关方的责任缺乏清晰界定，在处理危险废物非法转移、倾倒、处置等案件时，责任认定、追究难度较大；对于一些违法行为处罚过轻，对违法者缺乏有效震慑。

（3）地方政府治理和监管责任落实不到位。有些地方未将危险废物集中处置设施纳入公共基础设施规划，全国还有近1/5的地级城市无医疗废物集中处置单位。有些地方规划布局不科学，危险废物处置供求关系失衡，处置能力存在缺口。还有些地方对危险废物行业监管不到位，危险废物处置费用虚高，严重制约行业健康发展。

尽管《两高关于办理环境污染刑事案件适用法律若干问题的解释》已经将“非法排放、倾倒、处置危险废物三吨以上的”列入刑事案件，但搜索蔚蓝地图数据库显示，截至2018年初，超过8000家企业存在危险废物相关的环境违规行为，涉及危险废物识别、台账管理、存放、转移和处理等环节。

在全球供应链中占据优势地位的品牌，需要识别和优先管理危险废物等供应链上的重污染环节，推动环境影响和负荷更高的供应商实现环境合规，公众环境研究中心依据品牌推动情况进行评价。

- 良好案例

纺织品牌开始关注化学染料助剂在生产和加工环节的环境负荷，溢达等品牌已经推动违规供应商对其监管记录进行公开说明和GCA审核。Levi's推动其重点供应商建立上游供应链环境风险检索机制，涉及面料、水洗、集中污水处理等环节。

随着各地环保部门对危废监管力度的加强，苹果、戴尔、三星、松下、华为等更多IT行业品牌还将供应链环境风险管控延伸至危险废物处理环节。其中，苹果公司率先将金属原材料生产企业纳入品牌供应商环境管理范畴，推动一家铝业供应商就违规问题和整改措施与环保组织进行沟通，接受公众监督。

此外，危险废物处理企业昆山市千灯三废净化有限公司（以下简称“千灯三废”）也在一家电子品牌的供应商的推动下，于2013年首先进行信息公开，同年10月28日，千灯三废再次致电公众环境研究中心，应该品牌另一家供应商的要求对记录进行移除。千灯三废于2014年正式提出开展文件审核，并于2015年进行现场审核。在对现场发现项整改期间，同为该品牌供应商又一家电子厂也对其提出移除记录，多方的合力施压下，昆山千灯三废积极完成整改，并对记录进行了移除。

千灯三废前身为昆山市千灯镇大唐村村办企业，成立于1987年，从事线路板厂含铜蚀刻液收集处理，与昆山昆鹏环境技术有限公司（以下简称“昆鹏环境”）原位于千灯镇大唐村同一厂区内，两公司隶属于深圳市东江环保股份有限公司。两公司于2008年整体搬迁至现址，并于2010年扩建，目前审批的处理废物能力为：铜蚀刻液48000吨、废酸碱15000吨、退锡液5000吨、含镍废液12000吨。产品主要是硫酸铜、氧化铜、氨水、氧化锡、镍盐、三氯化铁。含铜蚀刻液处理工艺主要有：除杂→中和→压滤→打浆→酸化→脱水结晶等；废酸碱主要处理工艺是中和反应；退锡废液处理工艺主要是中和反应与固液分离；含镍废液处理工艺主要有：二次还原与固液分离，固体再洗涤脱水，液体二次氧化。厂区有办公楼一栋、罐区两个、生产车间四个、仓库两个、废水处理设施一套。因设施管理不到位，原有的污水处理设施年久失修无法正常运行，在环保监察中被查出废水中铜排放超标，对环境造成严重的污染，昆山市政府[2005]33号问责令要求整改。

事件后企业重新投资90万元建设一套废水处理系统投入使用，新系统于2005年9月9日通过环保部门验收，废水达标排放。2006年度工业企业环境行为评级中被评为蓝色。并于2006年启动整体搬迁计划，重新规划厂区以及各生产设施。

2008年千灯三废从昆山市千灯镇大唐村搬迁至千灯镇何家滨9号，2008年11月24日通过昆山市环境保护局验收（苏环验[2008]547号）。

2012年5月22日华南督察中心现场检查，取样检测发现，千灯三废一类污染物：镍，未得到有效处理，镍排放口超标排放。2012年5月24日，昆山市环保局发布的昆环[2012]78号《关于要求昆山市昆鹏环境技术有限公司（千灯三废净化有限公司）全面开展环境综合整治的意见》，要求千灯三废全面开展环境综合整治工作。

为此，千灯三废重新调整车间布局，设立含镍危废处置至含镍废水处理的专用车间，单独设置含镍废水排放口、采样井、计量装置，安装镍自动在线监控设施。

- 指标3.2推动供应商检索其上游供应商

品牌是否推动直接供应商检索上游供应商？上游供应商是否能够对违规记录做出公开说明？

– 评价方法

随着供应链的延伸，供应商数量更加庞大，供应关系更加复杂，品牌企业对于没有直接合同关系的供应商的影响力也会随之减弱（图6–16）。品牌企业应推动一级供应商建立自己的供应商检索和推动体系，通过一级供应商推动二级供应商，二级推动三级，一级向上一级延伸。公众环境研究中心依据品牌推动一级供应商检索上游供应商的情况进行评价。

图6–16　供应商层级示意图

– 良好案例

大中华区的衬衫制造集团溢达，在推动主要供应商之一的南通衣依衬布有限公司通过第三方现场审核的基础上，引导其对自己的供应商开展环境合规检索。戴尔和惠普也推动主要原始设计商和硕集团，关注其在华下属企业及供应商的环境表现，将绿色供应链的概念由直接签订合同的供应商延伸至上游供应链，有效辐射和带动更多企业绿色转型。

- 指标4.1和4.2 推动数据披露

推动供应商披露污染物排放转移，以及能源与气候变化数据：品牌是否设定针对在华供应商的年度污染物排放转移数据，以及能源与温室气体减排目标？是否通过供应商数据披露，向利益方说明减排效果，并持续追踪供应商环境表现？

- 评价方法

环境合规只是绿色供应链的基础性要求，品牌还应该推动供应商通过节能减排，降低环境负荷。因此，品牌企业应公开节能减排目标，并将其分解到在华供应链（图6-17）。

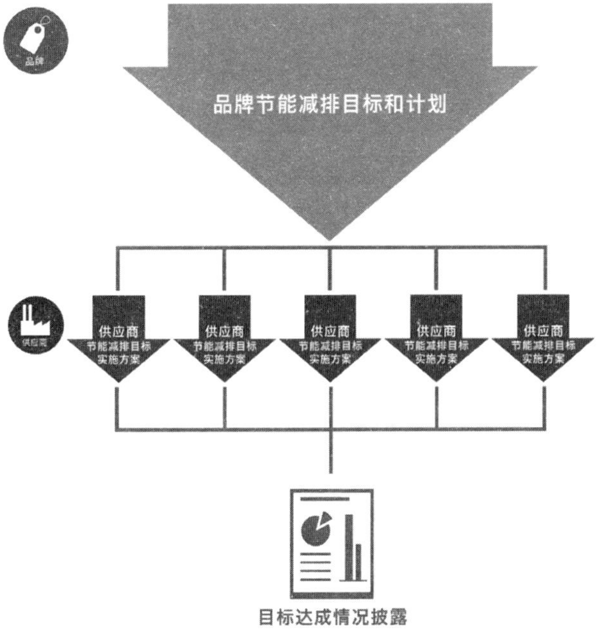

图6-17 品牌企业分解节能减排目标

在此基础上，品牌企业应推动在华供应商参与节能减排项目，并披露年度污染物排放与转移（Pollutant Release and Transfer Register,

PRTR）数据，通过供应商数据披露，向利益方说明减排效果，并持续追踪供应商环境表现（图6-18）。

图6-18　品牌推动供应商数据披露

PRTR数据源自2009年公众环境研究中心和自然资源保护协会对污染物排放与转移相关国际经验的分析。2013年公众环境研究中心正式启动PRTR企业自行填报系统。建立污染物排放与转移机制有助于：

- 品牌企业对供应商排放信息进行管理，实现产品生命周期环境影响的精确计算；
- 企业建立污染物排放和转移数据的统计体系，了解产品环境足迹，寻求节能减排空间；通过自我筛查，了解污染物质产生的源头，从而开展有效源头控制及升级替换；了解国际上对化学品管控的趋势，更主动应对日趋严格的国际贸易及客户要求；
- 行业认知和统计有毒有害物质的分布，为污染物减排策略研究提供数据支持；
- 政府开展有毒有害物质的管理；
- 满足公众知情权，推动污染物减排、改善环境质量。

与大多数国家的PRTR制度不同，公众环境研究中心开发的PRTR信息公开平台不只限于危险化学品的排放与转移的信息公开。平台设有公开下列年度信息的板块：企业基本信息、耗水量和废水排放、废水污染物、废气排放、废气排放污染物、能源消费和碳排放、常见的固体废物、危险废物以及其他信息（图6-19）。

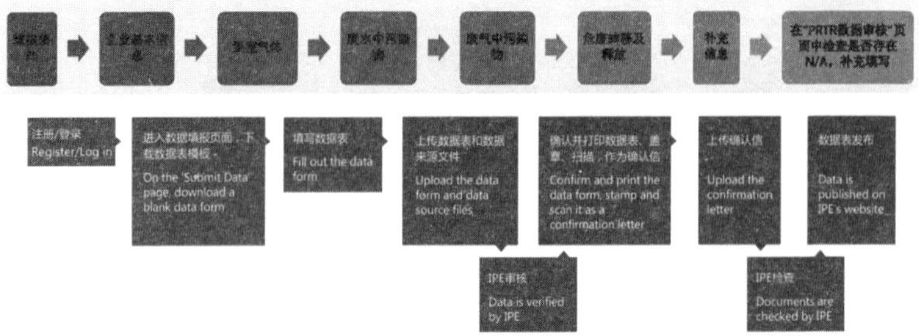

图6-19　PRTR数据表主要板块和填报流程

- 良好案例

阿迪达斯自2011年起，要求供应商工厂将能源和水资源使用、废弃物产生情况提交到品牌开发的环境数据统计系统。依据供应商的产品种类和生产流程，阿迪达斯将其划分到服装、鞋、附件装备等数个组别，并通过评估2011—2015年收集的工厂年度减排情况，提出每个组别的能源和水资源使用以及废弃物产生基准。针对每一家供应商，阿迪达斯将其与组别基准进行对比分析，并提出差异化的节能减排目标；最终实现阿迪达斯提出的到2020年，能源和资源消耗、废弃物产生量减少20%的总目标（图6-20）。

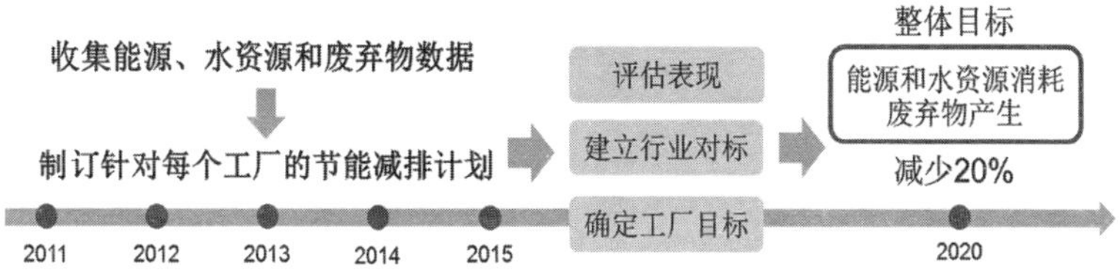

图6-20　阿迪达斯供应商目标设定管理

自2013年起，阿迪达斯开始推动直接供应商填报PRTR；2014年起要求所有在华供应商填报；2015年起，进一步扩大信息披露工作的范围，要求所有被提名的材料供应商以及中国的制鞋供应商在公众环境研究中心平台上完成信息披露。至今已推动了上百家供应商填报PRTR。

- 指标5.1引导公众选择供应链环境表现更好的产品

品牌是否引导公众关注在华供应链的环境表现？是否通过推动绿色供应链，协助公众做出绿色选择？

- 评价方法

品牌企业除了推动在华供应商提升环境表现，还应通过年度报告等公开文件，披露其推动在华供应商改善环境表现的工作，特别是在华供应商改善环境表现的最佳实践案例。通过线上互动和/或线下活动，引导公众了解其推动在华供应商改善环境表现的最佳实践案例。通过公众的绿色选择，向市场发出正向的引导信号，形成真实的市场压力，倒逼品牌进一步推动绿色供应链（图6-22）。公众环境研究中心依据品牌企业在责任披露和引导公众绿色选择方面的表现打分。

图6-21　蔚蓝地图APP推广公众绿色选择

- 良好案例

2015年10月，苹果公司推出了供应商清洁能源计划，旨在通过帮助合作伙伴提高能源使用效率，在供应链使用100%清洁能源，取代化石燃料，减少制造环节的碳足迹。2016年，苹果公司通过将零填埋垃圾认证计划推广到中国所有总装工厂，减少并最终消除制造过程中产生的一般固体废弃物。为传播品牌推动在华供应链节能减排的努力，2017年地球日前夕，苹果公司通过视频网站发布《太阳能发电场能养牦牛？》(图6-22)、《我们的生产能否实现零废弃？》、《一只苹果能不能长出一片森林？》、《我的 iPhone 信不信转世轮回？》等一系列宣传短片，有效引导公众关注IT产品生产过程中的能源消耗和产生的固体废弃物。

图6-22 《太阳能发电场能养牦牛?》视频截图

CITI指数采取动态的评价方式[①]，通过政府监管、在线监测、经确认公众举报、企业披露、第三方环境审核等公开的环境信息，以及和利益方的深度沟通对品牌在华供应链的环境管理表现进行打分（图6-23）。

① NRDC未参与评分过程。

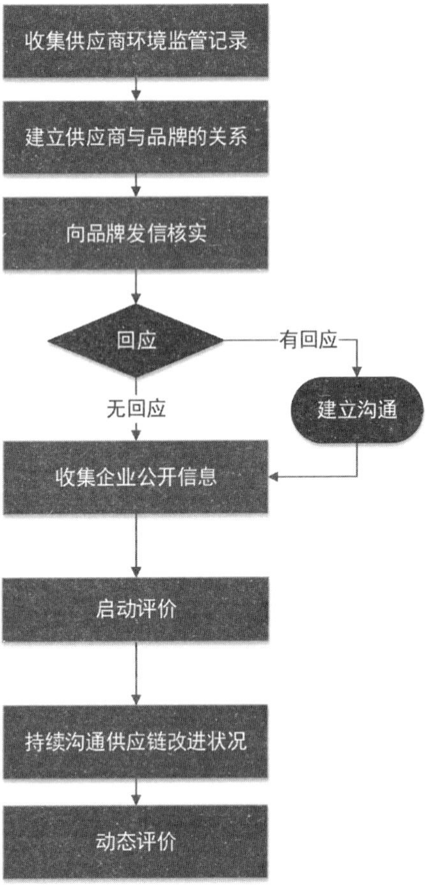

图6-23　CITI指数评价流程

除通过公众环境研究中心网站和蔚蓝地图APP实时更新品牌得分外，公众环境研究中心和自然资源保护协会每年发布绿色供应链CITI指数年度评价报告（图6-24），对当年评价行业和品牌推动绿色供应链的表现进行评估。

图6-24　CITI指数年度评价报告

2019年度的评价报告于2019年10月24日在2019绿色供应链论坛上发布，评价涵盖19个行业，新增家电、白酒和轮胎产业3个行业；评价品牌数量扩展到438个，覆盖大中华区、欧洲、北美、日韩、澳新/东南亚5个区域。

2016年启动的中央和地方环保督察，不仅强化了环境执法力度，也可能导致企业违法成本大幅上升。但汽车、纸业、制药、化工、食品、共享单车等多个评价行业对此缺乏准备。2017年9月发生的“舍弗勒断供”事件，就凸显了汽车业长期漠视供应链污染问题带来的供应链风险。长期以来谁污染谁的成本就低，导致市场上劣币驱逐良币，也让绿色采购在经济上承受压力。中国强化环境监管，从长远看有利于倒逼全产业链内化治污成本，最终会使得绿色供应链建设成为成功企业的必然选择。

自2014年首次评价以来，各行业和品牌推动供应链绿色转型的力度不一，纺织、皮革、IT和多元化行业的领先品牌不仅将供应链环境管理纳入采购标准（图6-25），更将环境责任延伸至供应链上游环境影响更高的环节。

- 多元化行业品牌持续良好表现，领先品牌将供应链环境管理延伸到金属原材料生产、集中污水处理、危险废物处理环节；
- IT行业品牌两极分化，领先品牌将供应链环境管理延伸到金属原材料生产、集中污水处理、危险废物处理环节，但仍有大量品牌未关注供应链环境负荷；
- 纺织行业更多品牌开始关注供应商合规及减排，领先品牌将供应链环境管理延伸到染料助剂生产、集中污水处理、危险废物环节；
- 皮革行业跨纺织业的品牌持续良好表现，将供应链环境管理延伸到染料助剂生产、集中污水处理、危险废物处理环节，但多数品牌仍然尚未行动。

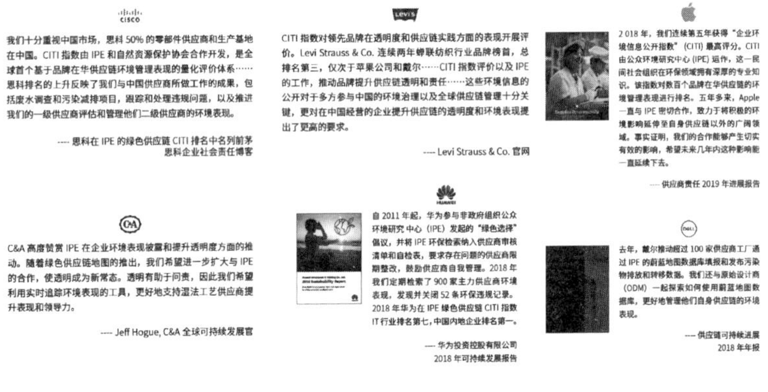

图6-25 领先品牌将供应链环境管理纳入采购标准

尽管中国大幅强化的环境监管，促使更多品牌重新认识供应链环境风险，但能力不足成为制约品牌和供应商绿色转型的瓶颈。供应商数量多，高风险环节位于上游，复杂的地区和行业标准，大量分散的监管数据，让大型跨国企业也面临挑战。对于缺乏经验的中国品牌和供应商，从管理体系到资源人力投入，能力瓶颈就更为突出。

而除了多元化、IT、纺织和皮革行业外，更多行业仅有领先品牌积极推动在华供应商实现环境合规，多数品牌仍然漠视在华供应链的环境负荷。

- 食品饮料行业多数品牌尚未开启绿色采购，但领先品牌已经将供应链环境管理延伸到糖、添加剂、塑料包装生产环节；
- 乳制品行业仍待正视供应链环境污染，特别是畜牧养殖过程的废水和废弃物处理环节；
- 啤酒行业普遍忽视供应链环境污染，尚未触及酿造、集中污水处理环节的环境负荷；
- 纸业行业领先品牌开始关注制浆环节的污染，但多数品牌推动绿色供应链的进展仍然缓慢；
- 化工行业仅有部分企业在纺织品牌的推动下对环境违规问题做出被动回应，但仍旧尚未触及化学原料生产环节；
- 日化行业少数国际品牌实质推动供应链改进，但尚待将供应链环境管理推进至化学原料生产环节；
- 制药行业的国际组织（Pharmaceutical Supply Chain Initative，PSCI）对供应链提出环境合规要求，但品牌缺少实质进展，尚待触及医药中间体生产、集中污水处理、危险废物处理环节；
- 共享单车行业的主导品牌仅能对个案做出被动回应，尚待触及零配件制造、金属原材料生产环节；
- 汽车行业推进缓慢，普遍忽视供应链环境污染，尚未关注零配件制造、轮胎、玻璃、电池、皮革和金属原材料生产环节对环境的负荷；

- 房地产行业合力推出钢铁、水泥、木材、铝合金供应商白名单，但尚未将白名单纳入采购流程。

尽管部分行业尚未关注供应链环境负荷，但在绿色供应链CITI指数评价的路线图引导下，截至2019年底，品牌企业已经累计推动：

- 超过一万家供应商与环保组织就环境监管记录和环境信息披露进行沟通（图6-26）

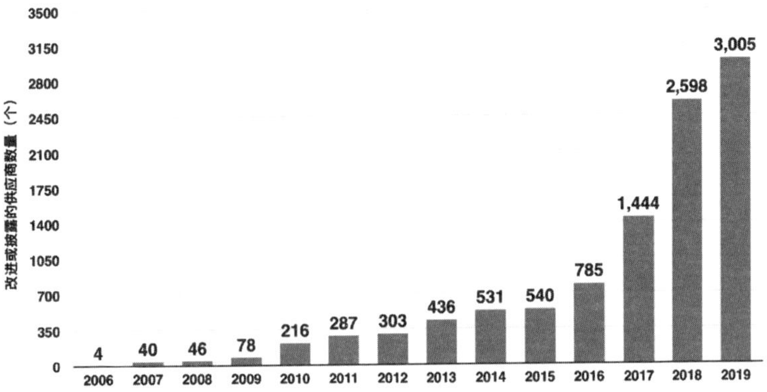

图6-26　与环保组织沟通的企业数量

此外，包括苹果、戴尔、华为、Gap、H&M在内的多家国内外品牌，还通过品牌故事的形式，向公众披露其推动在华供应商参与节能减排项目，降低污染物排放、提升资源能源使用效率的成果，引导公众关注产品生产环节的环境负荷。

第七章

绿色供应链前景与展望

自2007年中国绿色供应链滥觞起，环境监管和执法力度持续提升，政府和企业环境信息公开水平不断提高，为建立基于大数据的供应链环境管理解决方案提供了政策和数据支撑。中国企业也开始举行业合力，通过创新的白名单，推动房地产行业上游供应商实现绿色转型。而随着“一带一路”倡议的推进，中国企业一方面需要更快地与国际接轨，更积极地承担企业社会责任；另一方面也可以将绿色供应链的实践经验延伸到“一带一路”沿线国家。

第一节　基于大数据的绿色供应链创新

随着中央环保督察、各环保专项督查、巡查行动和违规建设项目清理的开展，大批企业环境违规问题首次暴露在公众视野中。蔚蓝地图收录的企业违规记录，也从2006年的不足2000条到2019年底累计超过160万条。中国环境信息公开的历史性进展，对构建基于数据的绿色供应链管理体系，形成了强有力的支撑（图7–1）。

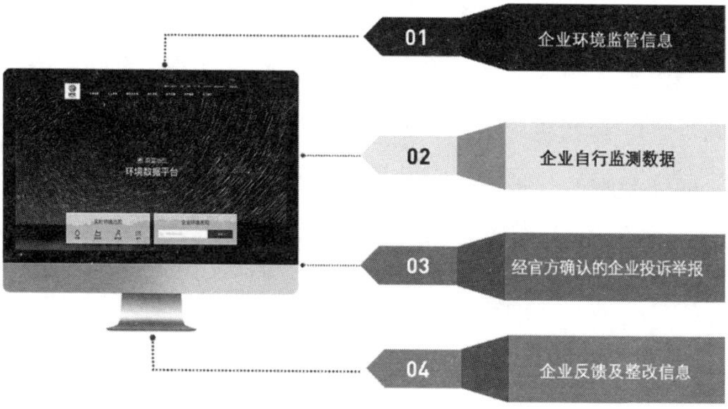

图7–1　蔚蓝地图数据库收录的环境数据

供应链长，涉及供应商数量庞大，而高风险环节又常常在供应链上游，这对管理能力和资源投入提出了很高的要求。而地区、行业标准复杂，监管记录数量激增，即使是开展了近20年供应链社会责任管理的跨国公司，也面临挑战，更会让供应链暴露在经营风险之下。中国企业则更加受制于能力瓶颈，从管理体系到人力资源都尚未适应绿色采购的需要，短时间内难以复制跨国企业的经验积累和成本投入。以共享单车等新兴行业为例，如何在烧钱争夺资本为主的商业模式中，履行品牌企业的环境责任，更需要找到创新的解决方案。

在强化监管的大潮中，供应链中从事生产的供应商企业更是受到直接冲击。实实在在的经营风险，已经促使更多企业形成改进的动力。但面对复杂的标准和频密的监管与信息公开，要建立管理体系有效管控风险，即使是合资企业和大型本土企业也会感受到挑战，对供应链上游环境管理一直较为粗放的供应商，突破能力瓶颈就更是难上加难。

为协助解决供应链环境管理的能力瓶颈，公众环境研究中心在集成环境数据资源的基础上，推出网络化供应链管理工具——蔚蓝生态链（图7-2）。蔚蓝生态链以蔚蓝地图每日跟进的超过4600个数据源为基础，协助品牌追踪规模庞大的供应链的环境表现。品牌在蔚蓝地图网站创建账户后，可以上传供应商名单，蔚蓝生态链将自动检索，并实时推送供应商的环境表现，包括蔚蓝地图收录的企业环境行政处罚及整改信息，和企业在线监测数据（如有），减少逐条检索企业环境监管记录、追踪整改进展、确认环境合规的人力消耗，提升在华供应商环境管理的效率，拓展管理的深度和广度。

截至2019年底，37个品牌已经开始充分利用蔚蓝生态链，并要求他们的供应商在蔚蓝地图数据库注册企业账户，关注自身的环境表现（图7-2）。注册企业账户的供应商，可以通过蔚蓝生态链及时获取自身环境表现信息的推送，就违规问题及时作出公开反馈说明，向利益方展示其环境合规现状。

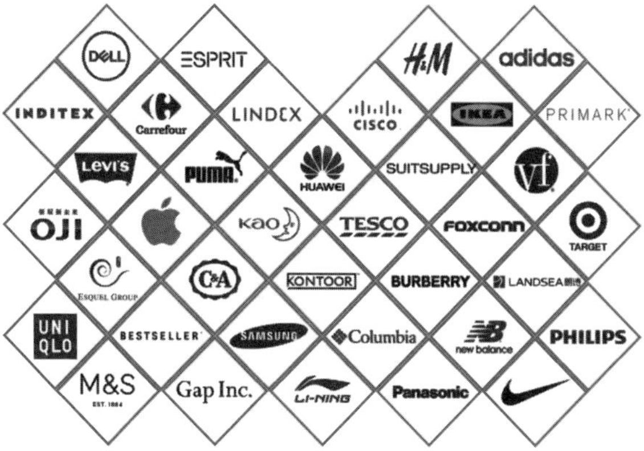

图7-2　使用蔚蓝生态链提升供应链环境表现的品牌

蔚蓝生态链可以协助品牌用户：

- 关注数以千计供应商的环境表现，在供应商出现新的环境违规或在线数据超标时第一时间收到邮件或APP推送提醒；
- 随时调取供应链环境表现自动报表；
- 与供应商就及时整改和自主披露达成书面约定并推动落实，管控供应链风险。

蔚蓝生态链可以协助供应商用户：

- 关注自身环境表现，及时就环境违规问题作出公开说明；
- 修复环境信用，管控企业经营和政府监管风险；
- 关注下属企业和自身供应商的环境表现。

第二节　中国地产行业合力推动绿色供应链

2016年世界环境日，中城联盟、阿拉善SEE生态协会、全联房地产商会，联合朗诗和万科共同发起“房地产行业绿色供应链行动”（以下简称“绿链行动”，图7-3），旨在通过制定行业性绿色采购标准，对多品类供应商进行环境管理。

图7-3　房地产绿链行动

（图片来源：cura.cn）

参与“绿链行动”的房地产企业及其供应商，依据行业和企业具体发展情况选择不同产品品类推动绿色采购，环保组织、检测认证机构等第三方机构提供技术支持。共同发起方组成的推进委员会及参与企业组成的工作组负责协调和资源整合（图7–4）。

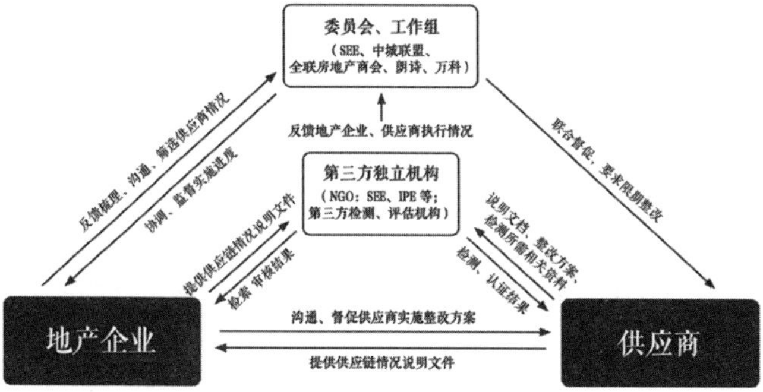

图7–4　绿链行动机制

（图片来源：中国房地产行业绿色供应链行动）

现阶段绿链行动主要关注：重污染排放控制（钢材、水泥、玻璃、涂料），铝合金无铬钝化，木材来源合法化，室内装饰人造板及其制品甲醛控制，聚苯乙烯类保温材料及其制品HBCD阻燃剂有害性控制等采购品类。

截至2017年世界环境日前夕，参与房地产绿色供应链行动的企业数量达到89家。这些房地产企业承诺在共同的采购指南和行动方案的指导下，管理自身供应链，坚持绿色采购，从原材料开采源头、生产过程、终端消费等多个角度入手，绿化整个供应链条，提高环境效益和资源利用效率，为社会发展、环境保护承担起自己的责任。

其中，房地产绿色采购指南依据《环境保护法》及商务部、原环境保护部、工业和信息化部发布的《企业绿色采购指南（试行）》制定。依据该指南，房地产企业在采购中应遵循以下原则。

（一）经济效益与环境效益兼顾，充分考虑行业发展阶段，建立可实践的房地产绿色采购标准。优先采购环境友好、节能低耗和易于资源综合利用的原材料、产品和服务，兼顾经济效益和环境效益。

（二）打造绿色供应链，建立透明公平的绿色评估体系和标准。房地产企业应不断完善采购标准和制度，综合考虑产品设计、采购、生产、包装、物流、销售、服务、回收和再利用等多个环节的节能环保因素，与上下游企业共同践行环境保护、节能减排等社会责任，打造绿色供应链。

在采购指南的基础上，“绿链行动”针对主要采购品类推出“白名单”。以重污染排放控制的钢材、水泥、玻璃、涂料品类为例，从事这些品类生产的企业在项目建设及生产过程中所排放的污染物，应符合国家环境保护相关法律法规及行业排放标准的要求。不存在官方发布的不良环境记录、或对记录作出整改和公开说明的供应商才可以进入房地产行业的采购“白名单”。

此次由中国本土房地产行业协会组织、环境组织及国内房地产品牌企业联合发起的“绿链行动”，是中国地产企业首次以行业合力推动供应链环境管理的行动，被联合国环境规划署（UNEP）负责官员评价为“全球首例”。

“绿链行动”直接通过行业协作网络的形式，由具有环境责任感和行业影响力的龙头企业引领，带动一批房地产品牌共同行动，使得单个企业推动力不足、行业共性问题缺乏有效沟通等挑战得到有效应对。此外，通过发布白名单，并要求地产企业将列入白名单的供应商作为优先采购的对象，“绿链行动”形成了更有力度的行业采购压力，倒逼供应链上游的供应商企业改善环境表现。

第三节　绿色供应链走向“一带一路”

随着“走出去”和“一带一路”倡议的实施，大量中国企业扬帆出海，走向世界：跨国并购、境外经贸合作区和基础设施合作建营一体成为中国企业对外投资合作的主要方式和载体。

2016年中国企业在“一带一路”沿线国家和地区的直接投资达145.3亿美元，主要流向新加坡、印尼、泰国、马来西亚、越南、菲律宾等国家和地区，投资的主要方向是金属和能源开采和制造业，基础设施如建筑和电力，以及橡胶制品。另一方面，中国制造业在“一带一路”沿线建设产业园也是一大热点。截至2016年底，中国企业在“一带一路”沿线建立粗具规模的合作区达到56家，占中国海外在建合作区总数的73%。

中国对外投资的步伐引来了世界瞩目，但这种关注不完全是积极正面的。由于初期对外投资主要集中在能源、矿业以及基础设施等环境和社会风险较高的行业，投资目的地的政府政策监管比较薄弱，因此中国资本在为当地带来经济效益的同时，也对自然资源、生态环境、生物多样性以及社区居民的健康生活带来了威胁。

2011年，由于存在的环境风险，迫于民众抗议，缅甸伊洛瓦底江密松电站项目被迫叫停。这对项目前期已投入8亿美元的中国电力投资集团来说，无疑是一项巨大的经济损失。2012年，中非阳光能源有限公司在津巴布韦的煤层气开发项目由于未通过环境影响评估而被政府叫停。2014年，云南澜沧江国际能源有限公司以51%股权收购的柬埔寨桑河二级水电有限公司，在建设过程中，由于缺乏公众参与机制和环境影响评价质量缺陷，受到当地居民和非政府组织的抗议，要求关停建设。

因此，中国在从“世界工厂”转变为“全球投资者”的过程中，尤其需要关注和管控海外投资项目的环境风险，将推动供应链绿色转型的经验和责任延伸至全球产业链。

为规范海外投资企业的环境保护行为，积极履行环境社会责任，2013年商务部和原环保部联合制定的《对外投资合作环境保护指南》，要求投资企业按照东道国法律法规规定，开展环境影响评价，建设和运行污染防治设施，申请当地政府环境保护方面的相关许可。指南同时倡导企业开展清洁生产，推行循环利用，减少生产、服务和产品使用过程中污染物的产生和排放，实施绿色采购，定期公布环境信息。

通过分析国际最佳实践，世界资源研究所（WRI）建议“走出去”的中国企业：

（1）认真研究并遵守投资目的地法律。如果当地法律体系薄弱，自主提升环境与社会标准。

（2）在充分了解投资国的政治、文化背景下，准备好适应当地情况的应对方案。

（3）积极与不同的利益相关方协调，获取当地社区的理解与支持。

（4）加入国际性行业组织，采用业内的最佳实践。

除了提升环境风险防范意识，原环保部提出的绿色“一带一路”建设实施方案也引导海外投资企业关注绿色产业链体系的构建。2017

年由原环保部、外交部、发改委和商务部联合发布的《关于推进绿色“一带一路”建设的指导意见》指出，要“加强绿色供应链管理，推进绿色生产、绿色采购和绿色消费，加强绿色供应链国际合作与示范，带动产业链上下游采取节能环保措施，以市场手段降低生态环境影响”。《意见》还鼓励环保企业开拓沿线国家市场，引导优势环保产业集群式“走出去”，借鉴中国的国家生态工业示范园区建设标准，探索与沿线国家共建生态环保园区的创新合作模式；将中国先进的清洁生产循环经济理念带到“一带一路”沿线各国和地区，促进双边多方经济发展和环境保护双赢，为打造利益共同体、责任共同体和命运共同体的总体目标服务。

为实现绿色“一带一路”，进一步带动中国及沿线国家实现经济绿色转型和低碳可持续发展，我们建议各级政府主管部门：

- 从绿色供应链的顶层设计入手，完善法律法规和政策标准，将治理环境的压力、绿色发展的动力传导到产业链条上的每个企业；
- 加强监督执法，提高违法成本；
- 提升环境信息公开水平，推动多方参与污染治理；
- 完善和发挥绿色信用评级财政补贴、税收信贷、信贷债券等财税金融政策的激励作用，调动企业的积极性；
- 发挥政府采购的引导作用，落实绿色采购相关政策规定；
- 宣传绿色供应链理念，提高公众绿色意识。

与此同时，作为全球产业链的参与者，企业应该：

- 全面履行环境治理的主体责任，实现环境成本合理分担、环境风险整体防控；
- 充分利用环境信息公开的红利，识别并验证供应链的环境合规表现；

- 将上游供应商的环境表现及环保投入等纳入招标和采购标准，充分利用价格激励上游供应商提升环境表现；
- 将供应商环境表现的改善情况纳入订单分配机制，利用订单压力实现上游供应商优胜劣汰；
- 通过定期报告、自媒体等公开渠道，披露推动供应商改善环境表现的措施和机制，引导公众做出绿色选择。

参考文献

[1] 中华人民共和国环境保护部. 2017中国生态环境状况公报[EB/OL]. http://www.zhb.gov.cn/hjzl/zghjzkgb/lnzghjzkgb/201805/P020180531534645032372.pdf.

[2] 中华人民共和国自然资源部. 2017中国土地矿产海洋资源统计公报[EB/OL]. http://gi.mlr.gov.cn/201805/t20180518_1776792.html.

[3] Le Quéré . Global Carbon Budget [EB/OL]. https://www.earth-syst-sci-data-discuss.net/essd-2017-123/essd-2017-123.pdf, 2017.

[4] 习近平. 决胜全面建成小康社会 夺取新时代中国特色社会主义伟大胜利——在中国共产党第十九次全国代表大会上的报告[N].新华网，http://news.xinhuanet.com/2017-10/27/c_1121867529.htm，2017-10-27.

[5] Kering, Environmental Profit & Loss（EP&L）2016 Group Results [EB/OL]. http://www.kering.com/sites/default/files/kering_group_2016_epl_results.pdf.

[6] 沈厚才，陶青，陈煌波.供应链管理理论与方法[J].中国管理科学，2000，8（1）.

[7] 曹海英. 零售商主导型绿色供应链管理实践及制约因素的实证研究[J].天津财经大学，2012.

[8] 刘思华. 绿色供应链[M].中国环境出版社，2015.

[9] Joseph Sarkis. Greening the supply chain. Springer London，2006. ISBN 978-1-84628-299-7.

[10] 联合国. 二十一世纪议程[EB/OL]. http://www.un.org/chinese/events/wssd/agenda21.htm.

[11] 联合国环境署.可持续消费和生产[EB/OL]. https://www.unenvironment.org/explore-topics/resource-efficiency/what-we-do/sustainable-consumption-and-production-policies.

[12] 联合国.可持续发展目标[EB/OL].http://www.un.org/sustainabledevelopment/zh/sustainable-development-goals/.

[13] 欧盟. Commission of the European Communities（2008）: Sustainable Consumption and Production and Sustainable Industrial Policy Action Plan. The European Parliament，the Council，the European Economic and Social Committee of the Regions，Brussels[Z].2008.

[14] 欧盟. Regulation（EC）No 66/2010 of the European Parliament and of the Council of 25 November 2009 on the EU Ecolabel（Text with EEA relevance）[Z]. http://eur-lex.europa.eu/legal-content/EN/TXT/?uri=CELEX:32010R0066，2010-1-30.

[15] 欧盟. EU Ecolabels Facts and Figures [EB/OL]. http://ec.europa.eu/environment/ecolabel/facts-and-figures.html.

[16] http://ec.europa.eu/environment/gpp/pdf/Buying-Green-

Handbook-3rd-Edition.pdf .

[17] https://www.epa.gov/toxics-release-inventory-tri-program/my-facilitys-six-digit-naics-code-tri-covered-industry.

[18] 后佳儒，林燕梅.美国有毒物质排放清单制度的经验与启示.[J]中国海洋大学学报（社会科学版），2014（1）.

[19] EPA. Comprehensive Procurement Guideline（CPG）Program [EB/OL].https://www.epa.gov/smm/comprehensive-procurement-guideline-cpg-program.

[20] EPA. Pollution Prevention（P2）[EB/OL].https://www.epa.gov/p2/lean-and-green-supply-chain-practical-guide-materials-managers-and-supply-chain-managers-reduce.

[21] 德勤. 2016全球制造业竞争力指数[EB/OL]. https://www2.deloitte.com/content/dam/Deloitte/cn/Documents/manufacturing/deloitte-cn-mfg-2016-gmci-report-zh-160622.pdf.

[22] 自然之友、公众环境研究中心、达尔问、环友科技、南京绿石.可持续纺织的关键盲点[R]. 2012-10-8.

[23] 中华人民共和国环境保护部.中国环境统计年报[DB/OL]. http://www.zhb.gov.cn/gzfw_13107/hjtj/hjtjnb/.

[24] 国家质量监督检疫总局，环境保护部. 纺织染整工业水污染物排放标准[Z].绿色江南公众环境关注中心，2012-10-19.

[25] 绿色江南.江苏省国控污水处理厂信息公开数据分析报告[EB/OL].http://www.pecc.cc/index.php/t/9/469.

[26] 中华人民共和国环境保护部.关于2017年第一季度主要污染物排放严重超标的国家重点监控企业名单的公告[EB/OL]. http://

www.mep.gov.cn/gkml/hbb/bgg/201706/t20170623_416596.htm.

[27] 范纹嘉，朱利萌.绿色供应链实践与创新——写在2016年APEC领导人会议[N].http://news.china.com.cn/cndg/2016-11/21/content_39750167.htm.

[28] 中华人民共和国中央人民政府.中国制造2025[EB/OL]. http://www.gov.cn/zhengce/content/2015-05/19/content_9784.htm.

[29] 中华人民共和国工业和信息化部.工业和信息化部关于印发《绿色制造2016专项行动实施方案》的通知[EB/OL]. http://www.miit.gov.cn/n1146290/n4388791/c4719303/content.html.

[30] 中华人民共和国工业和信息化部.绿色制造工程实施指南（2016-2020年）[Z].http://www.miit.gov.cn/newweb/n1146285/n1146352/n3054355/n3057542/n3057545/c5253469/content.html.

[31] 中国政府采购网.财政部 环境保护部关于调整公布第二十期环境标志产品政府采购清单的通知[EB/OL].http://www.ccgp.gov.cn/zcfg/mof/201707/t20170728_8598786.htm.

[32] 中华人民共和国工业和信息化部.制造企业绿色供应链管理国家标准正式发布[EB/OL].http://www.miit.gov.cn/n1146285/n1146352/n3054355/n3057542/n3057545/c5692808/content.html.

[33] ZDHC.ZDHC发布联合路线图里又一里程碑：最新的MRSL包括了皮革行业[EB/OL].http://www.roadmaptozero.com/cn/news/post/mrsl0/.

[34] SAC.Higg Product Tools[EB/OL]. https://apparelcoalition.org/higg-product-tools/.

[35] 天津市滨海新区人民政府.天津市人民政府办公厅转发市发展改革委关于落实国家综合配套改革试验区重点任务创新绿色供应链管理体制机制实施方案的通知[EB/OL]. http://www.bh.gov.cn/html/zfxxgk/GSGG26679/2016-11-17/Detail_916327.htm.

[36] GRI官方网站，https://www.globalreporting.org/information/about-gri/Pages/default.aspx.

[37] Robecosam. Dow Jones Sustainability Indices[EB/OL].http://www.sustainability-indices.com/about-us/dow-jones-sustainability-indices.jsp.

[38] 公众环境研究中心官方网站，http://www.ipe.org.cn.

[39] 浙江省企业自行监测信息公开平台[DB/OL]. http://app.zjepb.gov.cn:8091/zxjc/ddxxAction_getddxx?id=328.

[40] 安永.丝路杨帆　蛟龙出海——中国对外直接投资展望[EB/OL].http://www.ey.com/Publication/vwLUAssets/ey-china-outbound-investment-report-cn/$FILE/ey-china-outbound-investment-report-cn.pdf.

[41] 中华人民共和国商务部.中国对外投资合作发展报告[R]. http://data.mofcom.gov.cn/report/INVEST-2016.pdf，2016.

[42] http://news.xinhuanet.com/politics/2017-01/18/c_1120331545.htm.

[43] 德勤.引领全球化新进程　德勤2017中国企业海外投资指南[EB/OL]. https://www2.deloitte.com/content/dam/Deloitte/cn/Documents/international-business-support/deloitte-cn-ibs-2017-outbound-investment-guide-for-chinese-businesses-bilingual-170322.pdf.

[44] 让昂山素季左右为难的中资密松大坝[N].纽约时报，2011-04-01.
[45] 李广兵，李苗苗.2015.海外投资国家申诉机制亟待建立——以柬埔寨塞桑河下游2号水坝投资为例[J]. WTO经济导刊，2015（5）.
[46] 世界资源研究所.对外投资中的环境与社会影响案例研究：国际经验与教训[EB/OL]. https://www.wri.org/sites/default/files/managing_environmental_impact_international_experience_and_lessons_in_risk_management_for_overseas_investments.pdf.
[47] 中华人民共和国环境保护部.关于推进绿色“一带一路”建设的指导意见[EB/OL].http://www.zhb.gov.cn/gkml/hbb/bwj/201705/t20170505_413602.htm.
[48] 中华人民共和国环境保护部.关于积极发挥环境保护作用促进供给侧结构性改革的指导意见[EB/OL]. http://www.zhb.gov.cn/gkml/hbb/bwj/201604/t20160418_335246.htm.
[49] 自然之友，公众环境研究中心，达尔文环境研究所.IT产业重金属污染调研报告（第一期）.https://wwwoa.ipe.org.cn/Upload//2010-09/7d5b254f604340e98b94e5f0595b66c0.pdf.
[50] 自然之友，公众环境研究中心，达尔文环境研究所.IT产业重金属污染调研报告（第三期）.https://wwwoa.ipe.org.cn/Upload//2010-09/d5279562d85140709ccc132d22a64b6b.pdf.
[51] 自然之友，公众环境研究中心，达尔问，环友科技，南京绿石.IT行业重金属污染调研报告（第五期）苹果的另一面2.https://wwwoa.ipe.org.cn//Upload/Report-IT-V-Apple-II-CH.pdf.
[52] 自然之友，公众环境研究中心，环友科技，自然大学，南京

绿石.《苹果-透明撬动治污》.https://wwwoa.ipe.org.cn//Upload/IPE%20report/Apple_Opens_up_IT_Phase_VI_final_CN_20130207_.pdf.

[53] 自然之友，公众环境研究中心，达尔问，环友科技，南京绿石.为时尚清污--纺织行业调研报告.https://wwwoa.ipe.org.cn//Upload/IPE%20report/Report-Textiles-One-CH.pdf.

[54] 自然之友，公众环境研究中心，达尔问，环友科技，南京绿石.可持续纺织的关键盲点-绿色选择纺织业调研II期报告.https://wwwoa.ipe.org.cn//Upload/IPE报告/Report-Textiles-Two-CH.pdf.

[55] 朝露环保，绿色江南，福建绿家园，公众环境研究中心，自然之友，环友科技，自然大学.绿色选择纺织业3期报告：新标准考验品牌责任.https://wwwoa.ipe.org.cn//Upload/IPE报告/2013123112057UIZ.pdf.

[56] 公众环境研究中心，绿色江南，自然资源保护协会，朝露环保.绿色选择纺织业调研报告4：谁来守住污水处理的责任底线？https://wwwoa.ipe.org.cn//Upload/IPE-Reports/纺织4期-谁来守住污水处理的责任底线.pdf.

[57] 公众环境研究中心.杭州集美印染有限公司审核情况说明与结论.https://wwwoa.ipe.org.cn///Upload/20160919085238257８.pdf.

[58] 公众环境研究中心.昆山千灯三废净化有限公司审核情况说明与结论.https://wwwoa.ipe.org.cn///Upload/20161108095616160５.pdf.

[59] 公众环境研究中心，自然资源保护协会.CITI指数及147个品牌首次评价.https://wwwoa.ipe.org.cn//Upload/IPE-Reports/Report-CITI-CN.pdf.

[60] 公众环境研究中心，自然资源保护协会.绿色供应链——CITI指数2015年度评价报告.https://wwwoa.ipe.org.cn//Upload/201512020403430547.pdf.

[61] 公众环境研究中心，自然资源保护协会.绿色供应链——CITI指数2016年度评价报告.https://wwwoa.ipe.org.cn//Upload/201610271208391846.pdf.

[62] 公众环境研究中心，自然资源保护协会.绿色供应链——CITI指数2017年度评价报告.https://wwwoa.ipe.org.cn//Upload/201710180937027157.pdf.

[63] 公众环境研究中心，绿色江南.丰田汽车供应链污染调研1：丰田汽车供应商废气持续扰民.https://wwwoa.ipe.org.cn//Upload/201610170206075951.pdf.

[64] 公众环境研究中心，绿色江南.丰田汽车供应链污染调研2：丰田汽车打破沉默，更多污染问题待跟进.https://wwwoa.ipe.org.cn//Upload/201610180523002267.pdf.

附录　绿色供应链CITI评价指标体系4.0

编号	权重	评价项	
1	12	**沟通与透明**	
1.1	8	公众问责与沟通	
		品牌对其供应商出现环境违规如何回应?	
		A	品牌无公众问责渠道或无回应。(0分)
		B	品牌回应已知晓，并表示将会调查环境违规问题。(2分)
		C	品牌派人跟进供应商的环境违规问题，并推动供应商作出公开说明。(4分)
		D	品牌深度跟进，委派专人与利益方持续沟通供应商环境违规与整改情况。(6分)
		E	品牌委派专人，季度或更频繁与利益方沟通供应商环境违规与整改情况。(8分)
1.2	4	**推动透明供应链**	
		品牌如何向公众公开在华供应链信息?	
		A	品牌未公布在华供应商名单。(0分)
		B	品牌公布在华供应商名单，或推动至少20%的在华供应商通过其他方式接受公众对其环境表现的监督。(1分)
		C	品牌至少每年更新在华供应商名单，涵盖直接供应商工厂。或推动至少40%在华供应商通过其他方式接受公众对其环境表现的监督。(2分)
		D	品牌至少每年更新在华供应商名单，涵盖直接和间接供应商工厂。或推动至少60%在华供应商通过其他方式接受公众对其环境表现的监督。(3分)
		E	品牌至少每年更新在华供应商名单，涵盖直接和间接供应商工厂，通过供应商地图等形式提升用户友好度。或推动至少80%在华供应商通过其他方式接受公众对其环境表现的监督。(4分)

（续表）

编号	权重	评价项	
2	34	**合规性与整改行动**	
2.1	10	建立供应商检索机制	
		品牌是否建立供应商检索机制来识别供应链环境风险，并告知问题供应商存在环境违规?	
		A	品牌尚未建立检索机制。（0分）
		B	品牌公开要求供应商环境合规，如写入供应商行为准则。（2.5分）
		C	品牌公开要求供应商环境合规，建立供应商检索机制，至少进行年度检索，并对检索结果作出说明。（5分）
		D	品牌公开要求供应商环境合规，建立供应商检索机制，开展季度或更频繁的检索，并对检索结果作出说明。（7.5分）
		E	品牌公开要求供应商环境合规，建立供应商检索机制，开展季度或更频繁的检索，范围涵盖潜在供应商，将环境合规作为潜在供应商准入条件，并对检索结果作出说明。（10分）
2.2	16	推动供应商整改并公开说明	
		品牌是否推动问题供应商就环境违规做出整改，并公开说明?	
		A	品牌没有推动整改的计划。（0分）
		B	品牌向利益方承诺推动供应商整改。（4分）
		C	品牌推动问题供应商整改，就违规问题进行信息公开，至少每季度与利益方沟通推动进展。（8分）
		D	推动问题供应商整改，撤除违规记录，至少每季度与利益方沟通推动进展。（12分）
		E	品牌持续推动供应商撤除违规记录，至少每季度与利益方沟通推动进展，并推动整改完成且公开说明的供应商持续公开发布年度能源与气候变化数据和污染物排放转移数据，或推动在线监测数据公开。（16分）

（续表）

编号	权重	评价项	
2.3	8	废水负责任处理	
		品牌是否能够识别供应商的废水处理与排放路径，并将环境管理延伸到污水集中处理设施?	
		A	品牌尚未对供应商的废水处理与排放路径进行公开说明。（0分）
		B	品牌依据水污染物总量和类别对供应商进行分类管理，识别并推动水污染高风险供应商公开说明其排入的污水集中处理设施的名称，以及其与污水集中处理设施之间约定的排放标准。（2分）
		C	品牌推动水污染高风险供应商公开说明其排入污水集中处理设施排放口的废水监测数据（如在线监测、第三方委托检测数据）。（4分）
		D	品牌将污水集中处理设施纳入检索范围，开展季度或更频繁的检索，对检索结果作出说明；并推动供应商告知存在环境违规的污水集中处理设施采取整改措施。（6分）
		E	品牌将污水集中处理设施纳入检索范围，开展季度或更频繁的检索，对检索结果作出说明；并推动污水集中处理设施整改，进行信息公开或撤除违规记录，至少每季度与利益方沟通推动进展。（8分）
3	22	**延伸绿色供应链**	
3.1	14	识别并管理供应链中环境影响较高的供应商	
		品牌是否对环境影响较高的供应商进行识别，检索其合规性，推动问题供应商对环境违规作出公开说明?	
		A	品牌尚未识别供应商的环境影响。（0分）
		B	品牌依据环境影响对供应商进行分类管理，识别环境影响较高的供应商，并公开要求环境合规。（3.5分）
		C	品牌将环境影响较高的供应商纳入检索范围，开展季度或更频繁的检索，并对检索结果作出说明。（7分）
		D	品牌推动环境影响较高的供应商整改，就违规问题进行信息公开，至少每季度与利益方沟通推动进展。（10.5分）

（续表）

编号	权重	评价项	
3.1	14	E	品牌推动环境影响较高的供应商整改，撤除违规记录，至少每季度与利益方沟通推动进展。（14分）
3.2	8	推动供应商检索其上游供应商	
		品牌是否推动直接供应商检索上游供应商？上游供应商是否能够对违规记录做出公开说明？	
		A	品牌未采取有效行动。（0分）
		B	品牌通过供应商培训等形式推动供应商检索其上游供应商。（2分）
		C	品牌推动供应商建立上游供应商检索机制，开展季度或更频繁的检索，对检索结果做出说明。（4分）
		D	供应商推动上游供应商建立检索机制，并就违规问题进行信息公开，至少每季度与利益方沟通推动进展。（6分）
		E	供应商推动上游供应商建立检索机制，并撤除违规记录，至少每季度与利益方沟通推动进展；或品牌推动将环境合规纳入行业采购标准，并公开说明。（8分）
4	24	节能减排	
4.1	12	推动供应商披露能源和气候变化数据	
		品牌是否设定针对在华供应商的年度能源与温室气体减排目标？是否通过供应商数据披露，向利益方说明减排效果，并持续追踪供应商环境表现？	
		A	品牌尚未设定针对在华供应商的年度能源与温室气体减排目标。（0分）
		B	品牌依据环境影响设定并公开发布针对在华供应商的年度能源与温室气体减排目标，明确参与减排行动的在华供应商数量；或品牌将节能监管纳入供应商检索范围，推动用能不合规的供应商进行实质性改进，并就违规问题进行信息公开或撤除违规记录。（2分）

（续表）

编号	权重	评价项	
4.1	12	C D E	品牌推动参与减排行动的在华供应商披露年度能源与温室气体排放数据，并依据公开数据，向利益方说明减排效果。（依据实际与计划推动供应商的比率得分，满分10分）
4.2	12	推动供应商披露污染物排放转移数据	
		品牌是否设定针对在华供应商的年度污染物减排目标？是否通过供应商数据披露，向利益方说明减排效果，并持续追踪供应商环境表现？	
		A	品牌尚未设定针对在华供应商的年度污染物减排目标。（0分）
		B	品牌依据环境影响设定并公开发布针对在华供应商的年度污染物减排目标，明确参与减排行动的在华供应商数量。（2分）
		C D E	品牌推动参与减排行动的在华供应商披露年度污染物排放与转移数据，并依据公开数据，向利益方说明减排效果。（依据实际与计划推动供应商的比率得分，满分10分）
5	8	**推动公众绿色选择**	
5.1	8	引导公众选择供应链环境表现更好的产品	
		品牌是否引导公众关注在华供应链的环境表现？是否通过推动绿色供应链，协助公众作出绿色选择？	
		A	品牌尚未开展相关工作。（0分）
		B	品牌通过年度报告等公开文件，披露其推动在华供应商改善环境表现的工作。（2分）
		C	品牌公开发布推动在华供应商改善环境表现的最佳实践案例。（4分）
		D	品牌通过线上互动和/或线下活动，引导公众了解其推动在华供应商改善环境表现的最佳实践案例。（6分）
		E	品牌与利益方合作，参与建立并共同推广能够反映在华供应链生产环节环境合规表现的标识，协助公众做出绿色选择。（8分）

免责声明

本书由公众环境研究中心（IPE）撰写，统计时间截至2019年底，本书所提供的信息仅供参考。本书根据公开、合法渠道获得相关数据和信息，并尽可能保证可靠、准确和完整。本书不能作为IPE承担任何法律责任的依据或者凭证。IPE将根据相关法律要求及实际情况随时补充、更正和修订有关信息，并尽可能及时发布。IPE对于本书所提供信息所导致的任何直接的或者间接的后果不承担任何责任。如引用发布本书，需注明出处，且不得对本书进行有悖原意的引用、删节和修改。

本书之声明及其修改权、更新权及最终解释权均归IPE所有。